大学校长访谈

DAXUE XIAOZHANG FANGTAN

崔雪芹 主编

人民出版社

写在前面

中国高等教育未来的走向是什么?

有人说,大学的问题七天七夜也谈不完。

有人说,高等教育今天的最大挑战是如何让公众能更好地理解大学。

从 20 世纪 90 年代至今,中国高等教育一直以"火箭的速度"在发展,但在片面追求高速度的同时,也产生了一系列的问题。2009 年伊始,教育部就《国家中长期教育改革和发展规划纲要》的研究和制定向社会广泛征求意见。在新的历史背景下,大学的作用、任务、价值和目标将如何更新? 大学人,特别是大学的领军人物们将引导中国高等教育走向何方?

为此,《科学时报·大学周刊》特别策划"中国大学校长访谈"栏目,提问者包括高教研究者、大学教授和记者。三方就高等教育普遍存在的问题以及各高校建设存在的实际问题与各大高校掌门人对话,让他们的办学理念和对大学的认识、追求等进入公众的视野中,收入本书时按采访顺序依次刊发。

目　录

1

序 一

中国高等教育学会会长　周远清

　　大学校长应该是受人尊敬，为共和国教育、科学作出重要贡献的群体，是大学的骄傲、是教育的骄傲。我在高教战线工作的时间很长，经常萌发应该在大学校园里设立展室或为每个校长立像。

　　一所大学办得好坏，进展、成绩如何，校长非常关键。校长的办学思想、理念、校长的为人品格、校长的能力至关重要。校长都是千挑万选、认真斟酌后挑选出来的，真是精英中的精英。

　　当校长难，当校长辛苦，当校长的压力大，也是大家所承认的，事实也确实如此。据我所知，有一年两位校长上任以后不到一个月就住院了。

　　校长不大为人所理解，特别不大为社会所理解，有些人把社会的许多暂时的问题，都归纳为学校的问题、校长的问题，经常发生误解，以人人都是教育家的面孔横加指责。

　　我们国家正在大变革的时候，许多体制机制不完善，为了办好学校，校长要到处求爷爷告奶奶，甚至到处碰壁而归。

　　《科学时报·大学周刊》的记者在近一年里抱着一种复杂的心情采访了三十多位大学校长，他们是在不同类型、不同规模的大学里担任校长的。访问归来思绪万千，大学校长们到底是一个什么样的群体呢？记者们感到他们是心怀宽广、高瞻远瞩、意志坚定、追求卓越的人群，在采访过程中记者们留意到校长个个是自信、自豪、精力充沛。是他们肩负着建设高等教育强国的伟大使命,排除艰难甚至忍辱负重,他们心里装着学生、装着学校、装着事业,默默无闻地为共和国的教育事业不断奉献。

此书很值得一看,很值得我们的受教育者、教育者一看,也值得社会各方关注大学发展的同志一阅,仔细回味定会受益匪浅。社会各方面多来尊重校长、理解校长、支持校长,中国就会更快地成为高等教育强国。

序二 中华复兴盼祭酒

科学时报社社长、总编辑 刘洪海

《科学时报》是由中国科学院、中国工程院、国家自然科学基金委员会共同主办的一份大型主流日报，秉承"以科学眼光看世界，以世界眼光看科学"的办报理念，为科技界、高教界、知识界、工程界、管理界提供新闻服务、信息服务、思想服务，也正因为这个原因，大学是我们非常重视的一个领域。

科教兴国战略实施已经 15 年，创新型国家建设已经 5 年。这个时期，我们国家的大学发生了巨大的变化，教学、科研的水平与规模，师生的数量与质量，办学的硬件与软件，无不取得历史性的突破。虽然社会各界由于爱之深而责之切，大家往往对大学存在的深层次问题提出诸多批评。但一个基本事实是，中国进入了高等教育的大众化阶段。

作为《科学时报》的副刊，《大学周刊》在刚刚过去的 2009 年，集中采访几十所大学校长，应人民出版社之邀，我们结集于此，既是对各大学的一次展示，更是我们对大学校长这个群体表示一种特殊的尊敬。

中华民族自古文化立国。"祭酒"曾经是中国历史上一个极其神圣的职位。战国时齐国稷下学官尊长称祭酒。《续汉书·百官志二》刘昭注引汉人胡广说，谓官名祭酒，系部门之长。东汉改为博士祭酒。西晋以国子祭酒为国子学之长。历代沿置。隋、唐均以祭酒为国子监的主管官。清末随着西风东渐，这个职位被废除了，但其意义保留了下来，用以泛称学术界、文化界的领袖人物。在这里，我用祭酒一词指称大学校长，亦是想通过这个称谓让我们从历史辉煌中寻找一种暖意。

岳麓山的湖南大学校园里，树立着明末清初哲学家王船山先生的塑像，旁边的联语是"两经责我开生面，七尺从天乞活埋。"我曾经伫立良久，亦思考良久。本来，孔仁孟义、经世致用、知行合一等宝贵的哲学思想，即使面对近代中国的落伍，同样表现出一种伟大的生生不息，而这种生生不息正是由一批祭酒型人物所代表、所传承、所发展。陈独秀先生的"新青年"精神，饱满地澎湃着天下精神与家国情怀，追求着民族的复兴和人类的幸福！

我因为工作关系，曾经与一批大学校长近距离地亲密接触，与他们相处，每每如坐春风。我常常与《大学周刊》的同行们谈，每一次采访，既是学问上的提升，更是心灵的丰富。2008年9月爆发的全球金融危机，考验着人类的危机应对能力，更对我们的生活方式提出严厉的拷问：我们应该追求什么样的财富？我们应该追求什么样的经济？我们应该追求什么样的境界？

于是乎，文化成为媒体的重要关键词。文化是创造力的载体。我们创造力如何？如果仅仅从出口文化的产值看，中国也算得上文化输出大国了。联合国五大机构的《2008创意经济报告》显示，从1996年到2005年，中国创意产品出口额从184亿美元增长到614亿美元，2005年中国已经占据创意产品全球出口市场18%的份额，2009年超过20%的份额，成为全球创意产品的第一生产国和出口国。然而，通过分析具体出口行业，中国的创意产业出口主要集中在文化产品上，大多是"加工山寨型"、"承揽加工型"、"匠心制作型"、"贴牌合作型"。而核心的版权内容产品输出就不足了，关乎价值观的输出就相当匮乏了。一块小小的象牙，我们可以雕刻出108将，却雕不出"思想者"，我们一次次地重拍祖宗留下的"四大名著"，却写不出让人感动的半部"红楼"。我们连阳澄湖大闸蟹的防伪商标都公开叫卖，观者却见怪不怪。如此的现实，我们怎样崛起呢？

一个民族的创造力源于每一个人的创造力，每一个人的创造力需要社会的鼓励、保护与宽容。而大学正是这样的一片绿洲。大学校长们是朝气蓬勃的个体人格的培育者、呵护者、引导者。当代中国，大学校长应该是政治家、学问家，更应该是教育家。我们曾经感慨中国需要企业家，其实，一个变革的时代，需要的人才各种各样，需要生旦净末丑齐备，才能演出一台精彩的京剧。无论是从目前现实出发，还是从发达国家走过的道路总结，我们呼唤一批高水平的大学校长，由他们为这个民族主祭，那酒才感天动地啊！

我们采访的大学校长们，哪一个不是学富五车，哪一个不是大局在握？恐怕读者已经厌倦了我的唠叨。我还是快快打住，请您与大学校长们直接对话。

好香的酒啊！

武汉大学校长顾海良：

大学校长需紧抓"五学"和"两力"

陆 琦 崔雪芹

顾海良简介：武汉大学校长。2001年12月起任武汉大学党委副书记(主持工作)，2002年8月至2008年11月任武汉大学党委书记。著名经济学家、教育思想家。因《与中国著名经济学家对话》一书，被誉为中国"第四代经济学人"的杰出代表。

关于中国高等教育,关于武汉大学,顾海良有聊不完的话题。与他交谈确实是一件愉快的事情。通过采访,记者相信,一个有自己办学理论和思想的教育家有可能把一所学校办得更好。

做到"五学"与"两力"的统一

2008年11月,顾海良就任武汉大学校长。在武汉大学当了7年党委书记的顾海良更加明晰了自己的办学理念,并给自己提出了新的目标和要求。在顾海良看来,一位合格的大学校长必须紧紧抓住"五学"和"两力"。

"五学",是指学者、学科、学术、学风和学生。

顾海良认为,高等学校悠悠万事,学者为大。没有一批优秀学者的学校是一所没有灵魂的学校,没有优秀学者的学校也是所没有地位的学校。尊重学者的劳动,尊重学者的创造,尊重学者的知识、人格、人品,将成为中国高等教育发展的根本所在,所以"五学"中,学者为大,学者为先。

其次就是学科。学者的威望、学者的影响总是体现在一定的学科上。任何一所学校,不管是大校、名校,或现在暂时还不是名校的学校,肯定都有自己的优势学科。即使没有优势学科,也有学科优势。比如武汉大学的文、史、哲、遥感测绘、生命科学、水利水电都是优势学科;而某一个学科,比如中文,至少古典文学这一学科有优势,古典文学中哪怕在宋词或者元曲有点优势。所以优势学科和学科优势这两者尽管含量不一样,但是只要有闪光点,就是学校的资本,就是学校的基础,就是学校继续发展的新能量。所以,培育优势学科和学科优势,是高校发展必须考虑的。

第三是学术。学术包括老师的著作、论文、科研报告、科研发明,还包括各种各样的学术研究基地、学术刊物等等,凡是能反映学校学术水平的都纳入学术范围。尊重学术就是尊重知识,尊重学术就是尊重学者,任何对学术的限制将从根本上毁掉一所高校,而任何对学术的尊重,都将树立起学校的光辉形象。

第四是学风。一所学校有没有良好的学风,有没有历史沉淀下来的值得人们赞赏的、富有特色的学风,是一所学校致力于成为名校——中国名校或世界名校的根本所在。同样,学风也反映了学者的风范,反映了学科的水平,反映了学术的水平。

第五是学生。学生是学校的产品和综合实力的体现。大学不仅要教给学生学习的方法,培养他们的探索精神,更要培养他们理解复杂世界的能力,要重视知识、能力、责任感三者相统一的素质教育,培养学生人格与心智的完善。

顾海良表示,在学校发展的核心竞争力上,学校的综合实力和学校的凝聚力这"两力"也十分重要,应该做到与"五学"的统一。

作为校长,顾海良认为必须关注高校的三大职能,而做好教学工作是学校工作的根本。"校长最重要、最根本的职能就是建设一支优秀的教师队伍,培养、发现和引进一流人才。"

大学校长需要具备高等教育管理思维

顾海良已经从事教育和教育管理工作30多年了,从小学、初中、高中教学工作,到本科、硕士、博士、博士后工作站的教学科研指导工作,"可以讲是完整的教育工作经历"。正是由于这种独特的经历,顾海良对高等教育管理有着更为深刻的体会。

与国外高校不同,我国高校的校长没有职业化,基本上都是学科专家。而一般的观念也是,好的学者就能成为好的校长。顾海良认为,这是一个误解。他说:"固然,好的校长应该是好的学者,但是,从一位优秀的学科专家成为一名称职的高等教育管理者,还有很大的差距。高校校长容易用自己的学科思维来管理学校,这有利有弊,可能弊大于利。学校的管理必须用符合高等教育规律的思维,将自己学科思维的长处和高等教育管理所需要的思想方法相结合。"

除此之外,顾海良表示,要把校长当好,还需要制度的配合。"再有本事的校长,假如制度环境不好,那也当不好。"

现在我国高校实行党委领导下的校长负责制,顾海良认为这种制度可以分解为 5 个基本构件:党委领导,校长负责,教授治学,学术自由,制度保障。具体地说,前三项是学校基本资源配置,即党委的政治资源、校长的行政资源、教授的学术资源。"作为社会主义大学来讲,这三项资源是最根本的;三项资源能否达到最优配置,是学校建设好坏的根本。"学术自由是三项资源配置的目标,制度保障是实现资源有效配置的条件。

"在学校管理的过程中,制度起了重要作用,校长必须按照制度办事。"顾海良说,"从某种意义上说,校长能否当好校长,大学能否成为好的大学的关键是,如何将制度转化为体制和具体的运行机制。"顾海良指出,目前由于受到思想观念的束缚,我国的高校管理还拘泥于单一模式,没有进行多样模式的研究和探索。高等教育管理的一个重要方面,就是把高教法规定的党委领导下的校长负责制和学校的实际情况结合起来。结合得越紧密,产生的体制和机制就越符合学校的实际,学校的发展也就越快。

大学培养人才要适应社会需求

顾海良认为,培养人才是高校工作的根本。那么大学究竟应该培养哪种人才呢?"笼统地讲,高等学校要培养适应社会经济发展需要以及能够提高国家科学研究水平的人才。"顾海良表示,"学校的专业结构要和社会的人才需求结构相吻合。尤其对于一些高水平大学,不应单单培养操作型人才,更要为国家科学事业发展培养拔尖的创新人才。"

很多人都认为,上了大学就进了"象牙塔",只要专心学习就行。但在顾海良看来,这还远远不够。"大学生在大学学习不仅仅是知识的积累,更应该是能力和各种素质的培养过程"。

所以,武汉大学力求在创造、创新、创业方面能够更好地教育和锻炼学生。除了专业教育、通识教育,学校还开辟了"第二课堂",加强大学生的社会实践。学校还通过推行主辅修制、"双学位"制,使学生具备复合型人才的基本素质,更好地适应社会的需要。

顾海良鼓励大学生"不能做啃书本的书呆子",而应该把自己的学习和社会的需要、个人的兴趣、知识的发展、能力的提高更好地结合起来,尽可能使自己得到方方面面的发展,以达到"三创"人才的要求。

就业难是经济波动中的暂时性问题

2009年,大学生就业这一突出的民生问题,成为"两会"的热议话题。温家宝总理在政府工作报告中郑重指出,要"把促进高校毕业生就业放在突出位置"。

对此,顾海良表示:"就业问题是一个社会问题。目前就业困难是由于劳动力供给和需求之间的矛盾产生的,因为经济危机,劳动力需求大量缩减,而劳动力供给略有增加。"

顾海良认为,现在把大学生的就业作为一个重点问题提出来,只是出于对整个劳动力供给中的优质劳动力的特殊关注。因为对国家来讲,无论是从人才发挥作用,还是从教育成本投入,以及整个社会稳定,都希望大学毕业生能够得到稳定的就业。"目前就业难的问题,是经济波动中一个暂时性的问题,今后大学生的就业形势会趋于乐观"。

关于有人质疑大学生就业难是大学扩招造成的,顾海良指出,扩招与否和劳动力就业形势没有直接的关系。他说:"扩大招生并没有增加劳动力供给的总量,这些学生不上大学,同样需要就业。所以扩大招生规模,对劳动力供给方面不起什么作用,只是改变了劳动力的结构,使层次较高的劳动力数量有所增加。"

顾海良还指出,就业难的问题,对不同的高校影响不尽相同。他认为,地处中小城市的学校以及办学年限短、专业设置不合理、教育质量相对较弱的学校,要花大力气解决毕业生的就业问题;即使比较好的学校也要把毕业生就业问题做得细一点。

扩招专业硕士是为了
优化研究生培养结构

针对目前社会关注的硕士研究生扩招是否为缓解就业压力的热点问题,顾海良表示,此次扩大研究生招生,目的是为了解决研究生培养结构的问题,专业硕士的培养将成为趋势。"我们应该利用国际金融危机的时机,很好地思考危机后产业结构变化的基本趋势,进而调整高校人才培养方案"。

硕士研究生包括普通硕士生和专业硕士生两类,其中,专业硕士学位主要包括:公共管理硕士专业学位(MPA)、工程硕士(ME)、法律硕士(JM)、会计硕士(MPACC)、农业推广硕士、临床医学硕士、建筑学硕士、教育硕士等15类。根据我国的有关规定,普通硕士教育以培养教学和科研人才为主,授予学位的类型主要是学术型学位;而专业硕士是具有职业背景的硕士学位,为培养特定职业高层次专门人才而设置。

顾海良表示,今年扩招研究生,是增加攻读专业硕士学位的研究生,总量是5万人,而且主要面向应届本科毕业生,意在为工程、建筑、法律、财经、教育等专业领域培养高级专门人才。

以前专业硕士要求报考者有一定年限的工作经历,甚至有的专业硕士报考需经所在单位或相应管理部门的同意,有的甚至要求所在单位推荐等。顾海良认为,这次打破报考条件的门槛,相当于高校在应用型人才培养上可以展开积极的尝试,有利于优化我国研究生培养结构,也有利于今后产业结构调整和优化对高层次人才的需求。

顾海良说:"专业硕士研究生和传统按学科培养的普通硕士研究生,在培养目标和培养方式上都不一样。在国外,专业硕士占硕士研究生的比例越来越大。我国这次扩招专业硕士研究生,是研究生培养结构优化的重要一步,并不是靠这种方式来解决目前的就业问题。"

顾海良表示,我国的硕士研究生应该更多地转向专业硕士学位,而不应该以学科作为培养的目标。这可能也是近二三十年来,世界范围内研究生培养趋势的一个重大变化。金融危机爆发之后,高校更要反思,按照产业结构变化的需要来设计和考虑专业硕士学位的种类、培养的方案和目标。"这对促进我国经济社会发展也是有利的,对提升这些领域的从业人员专业水平也是有利的。"

大连海事大学校长王祖温：

抖擞百年海大精神
向世界一流高等航海学府迈进

崔雪芹　陆　琦

王祖温简介：大连海事大学校长。1982 年毕业于哈尔滨工业大学泵及液压传动专业；1984 年哈尔滨工业大学流体传动与控制专业研究生毕业；1987 年赴日本留学，获日本上智大学机械工学科博士学位。

兼任国际海事大学联合会主席，世界海事大学董事会董事，中国航海学会副理事长，国际欧亚科学院通讯院士等。

2009 年 6 月 6 日，大连海事大学迎来百年华诞。在百年的办学历程中，大连海事大学立足航运、服务交通、面向国民经济建设主战场，以服务国家为己任，以兴学育人为根本，弘扬了以"坚定、严谨、勤奋、开拓"为核心的海大精神。

在迎接百年校庆之际，大连海事大学校长王祖温接受了记者专访。

立足航运　以服务求发展

记者：一所 100 年历史的高校，肯定有很多精神传统，大连海事大学的精神是什么？

王祖温：学校的今天，是一代又一代校友创造出来的。

海大的毕业生分布在全世界各个地方的航运界，是支撑中国航运的一支中坚力量。有时想想，也是挺自豪的。

面对新形势、新机遇、新挑战，大连海事大学将继续坚持科学发展观，瞄准新目标，践行"学汇百川，德济四海"的校训，发扬"坚定、严谨、勤奋、开拓"的精神，把"同舟共济，艰苦卓绝，科学航海，爱国为根"作为海大文化的一种载体。

我们非常注重校园文化建设。学校积极开展丰富多彩的高品位校园文化活动。通过"灯塔杯歌会"，开展校歌、校训、校庆徽标的征集评选，百年校庆倒计时以及开展"迎百年，爱海大"为主题的具有海大特色的系列活动，增强了师生员工的凝聚力。通过每周一和重大节日举行升国旗仪式，举办校园文化艺术节，开展"爱校荣校教育月"等活动,培育了具有海大特色的校园文化。在国内高校中率先启动了"大学生专业技能等级大赛"制度,在学生中实施"百个社团计划"。成功承办了教育部、交通运输部航海类院校"航海技能大比武"、纪念郑和下西洋 600 周年"凌风远航"、中俄友好俄罗斯年中俄航海夏令营等活动。积极参与大连市国家文明城市创建工作,协助大连市政府承办了大连市"首届航海文化周"活动。

为了让学生受到更多的文化和哲理的熏陶,学校在电梯里和楼道里,张贴了例如"要想实现大的目标,就要从小的目标做起"这样的名言警句,起到耳濡目染的作用。

记者:2009 年,学校提出了向世界一流高等航海学府迈进的目标。在您看来,一所学校具备哪些条件才称得上是世界一流航海学府?

王祖温:向世界一流高等航海学府迈进的目标,学校早在 20 世纪 90 年代就提出来了。1993 年,江泽民同志亲笔为学校题词:"坚定、严谨、勤奋、开拓,建设世界第一流的高等航海学府!"我们一直在朝着这个目标努力。

到底什么是世界一流海事大学? 我认为有几个衡量指标:第一,人才培养质量是否能够得到国际航运界的认可;第二,科研水平,在国际航运类杂志上发表的高水平论文数量、在航运类国际会议上的大会发言和参加人数;第三,在国际航运教育界的影响力、话语权等等。

一直以来,学校始终坚持以服务交通行业发展、服务区域经济建设为着眼点,面向国民经济主战场,不断提高科研水平,致力于成为交通尤其是航运领域科技创新与科技服务的重要基地,以及国际海事法规和策略研究的工作基地。学校科技创新能力大幅提升,科技工作逐年实现新突破。

改革开放以来,学校获得国家技术发明奖、国家科技进步奖、国家教学成果奖以及省部级奖励等 500 余项。经过"211 工程"建设,目前学校已成为解决我国航运事业重大科技问题的重要基地之一。

广泛交流　提高国际影响力

记者:2007 年,您当选为 2008～2010 年任期的国际海事大学联合会主席,这也是第一个来自发展中国家的大学校长主管国际海事大学联合会事务,您个人和学校的哪些因素让您获此殊荣?

王祖温:国际海事大学联合会是国际高等航海教育培训领域交流、合作的最高平台。它是在 1999 年由来自全世界五大洲的土耳其伊斯坦布尔科技大学的海事学院、日本神户商船学院、阿拉伯科技学院、澳大利亚海运学院、英国南安普顿大学、美国缅因州海运学院和世界海事大学 7 所海事院校发起成立的。其宗旨是在世界优秀的海事院校中建立广泛的联系,通过在下一个千年建立新的以科学理论为基础的国际海事社会来提高国际海洋运输的安全性。跟所有的国际组织一样,国际海事大学联合会是一个很松散又很民主的组织,组织的每个成员都可以有不同的立场,可以从自己或自己国家的角度考虑问题。

大连海事大学于 2000 年加入国际海事大学联合会,并于 2005 年当选为国际海事大学联合会 2006～2008 年任期的第一副主席。2006 年 10 月,第七届国际海事大学联合会年会在大连海事大学举行。此次会议是自该联合会成立以来,首次在联合会成立之初的 7 所院校之外的院校举行。会议的成功举行,扩大了中国在国际海事社会的影响,提高了大连海事大学的国际知名度。国际海事大学联合会前任秘书长称大连海事大学是世界上少数几所"享有国际盛誉"的海事院校,现任秘书长称大连海事大学是世界一流的海事教育中心。

当今世界航运业的不断发展,让我们意识到,作为服务行业的航运业,其中人力资源占有重要的地位。只有通过行之有效的教育和培训,才能保证为航运业提供高质量的人力资源。我们有责任同各成员院校一道为国际海事大学联合会和国际海事领域的未来而奋斗。

记者:据我们所知,大连海事大学近几年在国际合作方面步子迈得很大,成就卓著,请罗列您印象深刻的几件。

王祖温:大连海事大学十分注重对外交往和校际交流,近几年在国际合作方面做了不少工作。

2005 年,学校与比利时王国安特卫普大学签署了《2006～2007 年度两校交流合作计划书》,国家主席胡锦涛和比利时国王阿尔贝二世共同出席了签字仪式,并对两校的合作项目给予了积极的评价和赞扬。

2006 年,第七届国际海事大学联合会年会在我们学校召开,学校在会上提出的关于国际海事大学联合会今后发展的"五点主张"得到了联合会的广泛认同,被命名为《大连主张》。我们让国际高等航海教育界真切地听到了来自中国的声音,来自大连海事大学的声音。

2007 年,我当选为 2008～2010 年任期的国际海事大学联合会主席,这也是第一个来自发展中国家的大学校长主管国际海事大学联合会事务。

在教育部科技教育司的精心指导下,2006 年和 2007 年大连海事大学分别在大连和符拉迪沃斯托克承办和参加了由交通部和俄罗斯运输部联合举办的"中俄友好年"国家级重要活动——"中俄航海院校夏令营";2008 年组织了由交通运输部主办的"中国航海院校代表团暨大学海事大学'育鲲'轮出访韩国"活动,充分展示了中国高等航海教育的办学实力和中国航海类院校大学生的良好素质。

学校还与 25 个国家的 50 余所院校(单位)、国际海事组织等近 10 个重要的海事类国际组织建立了合作关系。多次承办具有较大影响的重要国际会议和活动,如国际海事大学联合会第七届年会、亚洲交通运输学会第七次学术年会、世界航运经济学家 2008 年会等。

2007 年,学校在斯里兰卡科伦坡国际航海工程学院设立斯里兰卡校区并开始招生,实现了中国优质航海教育资源的首次成功输出。2008 年 7 月,首批学员顺利毕业。2008 年,学校又与坦桑尼亚达累斯萨拉姆海运学院的合作办学并取得突破性进展,坦桑尼亚政府批准大连海事大学在坦桑尼亚建校办学。

2008 年,学校与波兰皇家科学院合作进行的"常温常压无催化剂等离子体合成液体燃料和氨"的国际合作研究项目,被列为中华人民共和国与波兰共和国双边政府之间的国际合作项目。

继往开来　用爱心哺育学生

记者:你觉得一个合格的大学校长应该具备哪些素质?

王祖温:一个合格的大学校长首先要对学生有爱心,要从心里喜欢学生,就像喜欢自己的孩子一样,不是装出来的,这一点是最基本的。因为只有像喜欢自己的孩子一样去喜欢学生,才会倾注心力去想办法如何教育好学生,否则不可能去用心教育学生。

其次,校长要准确把握好自己学校的历史、现状和所处的大环境、小环境,准确地把学校的发展目标定位好,决不能盲目地跟着别人走,人云亦云。

第三,如何去发现和培养教师,也很重要。因为学校的办学理念、对学生的爱,要通过老师实实在在地贯彻下去,面对面地传授下去。作为大学校长,为人要正派,要主动关心老师,必须了解和理解老师,切实解决他们的后顾之忧,这样老师才能安心、积极地工作。作为一位校长,对老师的关心可能是很简单的一件事情;而对于老师,校长的关心可能是一件大事。

还有一点,大学校长要刚正不阿,不屈从于不正之风,要有自己的思想,要向教育家的目标努力,要用高等教育家的精神去应对高等教育发展中遇到的问题。

记者:您从 2004 年担任海事大学校长,一个人的校长任职生涯中,能赶上百年校庆是很不容易遇到的事情,您是否很激动? 有何感想?

王祖温:有幸赶上百年校庆,说激动倒也谈不上,主要是操心。搞这样一个大型的庆典活动难免会有疏漏,很可能出力不讨好。

百年校庆对学校和一校之长来说,都是一件大事。百年校庆是学校发展史上的一个重要里程碑,对于提高学校影响力,提高教职员工的自信心,提高校友的自豪感,都有好处。

我们要牢牢抓住百年华诞的契机,强化内涵、科学发展、同心同德、继往开来,全面提高教育教学质量,加快学校建设发展步伐,着力提升学校整体实力,努力实现各项工作的新进展、新突破,以优异的成绩迎接建国 60 周年。

找准定位　以航运特色取胜

记者:近年来,在多种力量推动下,国内大多数本科高校都向着综合性大学这个目标迈进,在您看来,这对我国高等教育发展有何影响?大学科学定位、办出特色对于大学意味着什么?

王祖温:中国的很多大学现在面临着一个共同的问题,那就是趋同化。尤其是在现有的国家行政体系指导或干预下,这是个无法避免的大问题。我们的很多指标都是看总量,如科研经费、博士点、重点实验室、院士等。现在很多大学在向综合型方向发展的同时,也逐渐在丧失其原有的特色。我个人认为,在中国目前的情况下,特色大学更有可能在本领域创造出国际一流的水平。

大连海事大学现在的定位是具有鲜明航运特色的多科性高水平大学,不走综合型大学的发展道路。大连海事大学在经过专业调整后,现有专业50个左右,其中人文社会类专业6个,包括:哲学、汉语言文学、政治学与行政学等。值得一提的是,与海事有关的英语是我们学校英语专业学生的必学内容。不仅是外语专业,我们学校对各个院系专业都有一个基本要求,基础的通用的教材可以用别人的,但是专业教材一定要自己编。编写专业教材时必须结合航运领域的内容,以有效发挥我们学校航运专业的特点。这样的话,学生学完之后,对航运方面的知识都能有所了解,毕业以后到航运部门就职上手将更快,比其他学校的学生更有竞争力。所以我们一直在强调,不要搞趋同式的教育,要凸显自身的优势。

最近几年,我们又在强调本科教育的中心地位,狠抓本科教育的四个环节:一是课程教学;二是课程实验;三是实习实践;四是毕业设计,这四个环节在本科教育里都是不可或缺的。我们一直在强调,本科教育必须把这四个方面都落实了,一个都不能缺。

但是现在有一些大学,这四个环节是有缺失的。比如说,有些学校在投入不足的时候,通过计算机编的一些虚拟的实验来替代课程实验,学生不能动手去亲身体验,这是不合适的。第二个容易缺失的是实习环节,现在企业不愿接收大学生去实习,我们要求各个专业必须建立自己的实习基地,各学院与校机关都被动员起来落实这项工作。还有就是毕业设计。毕业设计是把学生大学四年所学的知识串联夯实起来的重要环节。

我国是航运大国,码头、船队等硬件设施已经较为完善,但是我国还不能称为航运强国,原因就是软件设施建设滞后。人才、投资环境、法律氛围、保险、金融、信息等方面的不足,都制约着我国走向海运强国的步伐。只有通过行之有效的教育和培训,才能保证为航运业提供高质量的人力资源。

大连海事大学现在确定的就是航运、交通专业特色。我们成立了航运发展研究院,当时一些香港媒体就说这是中国第一个以"航运发展"冠名的研究院。目前这个研究院有 10 个研究中心,目标是把学校的资源集中起来,做一些航运软科学方面的研究,为提高我国的航运软实力作出力所能及的贡献。

记者:科学定位、办出特色本身应该有什么样的内涵? 其中应该遵守哪些基本规律? 您对此有何建议?

王祖温:在学习实践科学发展观的过程中,我有这样一种更为直观的认识:什么叫科学? 科学就是对自然现象、自然规律的一种揭示。而科学发展观就是按照事物的规律去发展。各个大学要按照你学校发展的实际情况去发展自己的专业和学科,找准自己的目标定位,不能拿自己的长处跟别人短处比,这是大学校长应该做的事情。

人才培养 从基础教育开始

记者：目前，很多高校都针对创新型人才培养进行了一定的努力和探索，在您看来，成效如何？还有哪些不足？您觉得高校在创新型人才培养的过程中，需要把握的最重要的因素是什么？

王祖温：我一直觉得高校培养创新型人才是个重大命题。在第二届大学校长论坛上，这也是个焦点问题。实际上，中国的高中毕业生经过 12 年的应试教育，很多创造性已经被泯灭了，为什么？上学天天就是学习，背、记，然后如何从小学考上好的初中，如何从好的初中考上好的高中，如何从好的高中考上好的大学。

孩子们只有通过快乐的童年，才可能更大开发他们的大脑潜力，为未来的发展打下基础，童年本来是培养孩子们接受各种事物的兴趣，并保留这种兴趣的阶段。但是，我们现在的教育体制却把孩子们的兴趣给弄没了。

另外，我们的大部分大学教师也是按照同样的培养模式走过来的，严格地说，他们本身就缺乏创造性思维模式和方法。用这样的老师来教育这样的学生，培养创新型人才的难度是可想而知的。

我想只有从基础教育开始做好，大学才可能有机会培养创新型人才。

记者：作为一个大学校长，您是怎么看待学术腐败的？

王祖温：这里面有很多问题。我们那个年代读研究生，信息是有限的，写文章要跑到北京图书馆去查资料，查完之后复印，复印之后再带回去，老师对于我们的文章是抄袭的还是剽窃的，一清二楚。现在跟以前不一样了，现在的信息量非常大，老师不可能把所有网上的东西都看遍，所以只能是加强对学生的诚信教育，用道德去约束学生。

　　我对我的学生说，你要记住一点，我看你的论文，只能给你指导，不可能完全知道文章里是不是有抄袭或者剽窃的内容，但如果哪天发现你的论文有假，你的学位肯定被拿掉，你的品格也将受人质疑。

大连理工大学校长欧进萍：

大学要引领未来

陆 琦 崔雪芹

欧进萍简介：大连理工大学校长。中国工程院院士，结构监测、控制与防灾减灾工程专家，出生于湖南省宁远县。1987 年毕业于原哈尔滨建筑大学，获博士学位。曾任哈尔滨工业大学副校长、教授。

44 岁当选院士,成为中国工程院土木、水利与建筑工程学部至今为止年纪最轻的院士,他就是欧进萍,大连理工大学校长,一个扎根东北的南方人。

从哈尔滨工业大学副校长到大连理工大学校长,多年来从事高等教育管理的欧进萍,对于人才培养、大学生就业等高等教育相关问题,自然有他深刻而独到的见解。

大学生是国家优质人力资源

大学生就业是当前社会普遍关注的一个突出的焦点问题。2009 年全国高校毕业生有 611 万之多,加上最近三年就业率一直在 70% 左右,积压了一批毕业生;而且当前全球性的金融危机引发的经济危机,也极大地加剧了当前的严峻形势。欧进萍对大学生的就业形势很不乐观,"就业压力大,可能还不止今年,明年、后年,甚至未来好几年都将面临这个问题"。

欧进萍指出,从现在开始关注大学生就业问题,有助于我们重视并建立完善大学生就业体制、机制,对解决今后大学生就业问题具有长远意义。

为了解决大学生就业问题,在欧进萍看来,首先应该把大学生定位在国家优质人力资源或者人才资源来讨论大学生就业问题,这将有利于推动和创造大学生就业的良好环境条件。欧进萍说:"大学生是社会经济发展的生力军,优先发展教育的目的就是为了推动社会经济又好又快发展。我国每年毕业大学生约有 600 多万人,5 年加起来就是一个加拿大或者澳大利亚的人口数量。解决好大学生就业,每年使这样一大批优质人力资源在我国社会各项事业中发挥其作用和价值,对我国社会经济的发展无疑具有重大意义。"

欧进萍认为,重视当前就业问题,尤其是把大学生视为优质人力资源这样的定位来解决其就业问题,就要求国家、社会不仅仅给予他们一个岗位而已,还应制订适当的政策,创造适宜的环境条件,不管他们是到基层还是到祖国最需要他们的地方去,都要能切实发挥作用和价值。

事实上,从这个定位入手,国家和高校都已在积极谋划解决大学生就业问题。高校方面,根据教育部有关部署,加大了专业学位的招生规模,意在培养适应社会需求的应用型人才;高校也在大力推进双专业、复合型人才的培养,如主修数学专业的,同时辅修金融和管理专业,可以提升大学生就业竞争力和发展潜力,拓宽就业适应的空间;与此同时,高校正在积极做好大学生就业指导工作,着力改变大学生就业观念,鼓励和引导大学生到基层、到祖国最需要的地方去,到能够发挥聪明才智、实现人生价值的地方去。

欧进萍透露,在国家方面,各级政府已经和正在制订促进大学生就业的有关政策办法。中央有关部委也正在积极沟通协调,探索制定相关政策,切实做好大学毕业生这一优质人力资源的安置、开发工作。根据有关学者建议,国家考虑从资助的重要科研项目中划出一定比例的经费,设置类似于博士后一样的硕士后、学士后这样的岗位,用于吸纳大学毕业生从事科研工作,作为解决部分大学生过渡性就业的机制;教育部也在积极会同有关部门商讨,探索军队、公安部门大量接收大学毕业生的可能性,这样可以在解决大学毕业生就业问题的同时,充分发挥优质人力资源的作用价值,提高军队、警察队伍的素质和能力水平；还在探索制定相关政策、机制，吸纳大学毕业生充实农村义务教育、基础教育的师资队伍，推动我国教育事业的发展更上一级台阶。

调整产业结构是解决当前
大学生就业问题的重要途径

要解决问题，首先需要找到产生问题的原因。关于大学生就业困难的原因，欧进萍认为，需要研究和反思高校招生规模、教育结构与布局、培养模式与专业设置等问题。但同时，国家、社会和各级政府也需要研究和反思我们这些年来的发展模式、资源配置、产业结构、产业技术等方面哪些有利于我国大学毕业生等高层次人才就业和发挥作用。"强化自主创新，积极调整产业结构，提升产业技术水平，既是解决当前大学生就业问题的重要途径，也是国家发展新阶段必须着力解决的战略问题。"

我国改革开放 30 年来，从开放的角度，从招商引资的角度，从尽快推动产业发展的角度，有相当一部分高端产业以及一些其他产业都在走合资、外商独资的道路。截至目前，相当多的产业的发展主要是依靠直接引进国外成套、成型的生产线，如早期的彩电、汽车、电子、集成电路等行业；还有一些产业在走来料加工、订单加工式外包发展路子。这样造成的局面是，我国许多高端产业的产值有 50% ~ 80% 是合资、独资企业生产的。对此，欧进萍表示："我国这样的企业没有自主的核心技术，核心技术都由国外企业控制，这导致企业对自主创新的需求不强，对高层次人才需求不足。"

这虽然是我国现代化进程中的一个必经阶段，但在当前大学生就业困难的背景下,我国企业自主创新能力不强、对高层次人才需求不足这一问题就变得尤为突出。欧进萍说:"我们知道,产业主要在开发技术、开发和设计产品、开发生产线的过程中需要高层次人才,而引进的技术和产品都是定型的,引进的技术和生产线生产成型的产品需要我们提供的只是熟练的操作工,对高层次人才就业和我国的自主创新牵动不大,甚至无关。企业自主创新需求不强、能力不足,就导致了我们高校培养的优质人力资源失去了一个重要的发挥才能的空间和渠道。"

欧进萍认为,我们的大学应该是面向先进生产力、面向自主创新来培养人才,而不是面向引进产业需要的操作工来培养人才。我们应该认识到,我们要更加重视和加快产业结构调整、提升的进程。

十一届全国人大二次会议上的政府工作报告在提到我国下一步发展方向时,明确提出要"调整产业结构,提升自主创新能力"。对此,欧进萍希望,各级政府应该在政策、资源配置和经费使用上,更加注重推动产业结构调整和提升自主创新能力,在这方面应该力度再大一些,观念再强化一些,方式再多一些。

实现产学研模式创新

关于下一步如何调整产业结构,提升企业自主创新能力,欧进萍提出了两点建议。

其一,国家的科研经费可以适当分流,给予企业更大的自主权。从当前国家科研经费使用机制体制来看,企业能够自主支配的经费很少,自主权很小。国家应尽快改革相关机制、体制,给予企业一定的自主权,同时加大激励和约束的力度。比如,明确规定某些类型和规模的企业应以其产值的一定比例投入技术开发,并在政策扶持上考虑对自主创新的投入采用抵税、免税等方式。这样可以激发企业自主创新的积极性、主动性、针对性,形成以国家牵动为龙头、众多企业积极参与的局面。

其二,深化改革产学研模式。这些年来,在企业自主创新能力不强、技术队伍不全的情况下,大学承担了相当一部分的原本应该由企业承担的技术创新责任。"这当然也是我国大学在现阶段发展中应该承担的责任和使命"。

对于"中国大学产学研没有做到位"的看法,欧进萍并不赞同,"事实上,中国大学在产学研方面所做的'一竿子插到底'已经超过了其他任何国家的大学"。他说,大学的职能使其难以做到产品的持续开发,大学需要面对新的研究项目,而且从人才培养等方面来看,大学也不可能一跟到底。大学通过科学研究取得的技术、项目甚至产品,在完成转化之后,需要企业围绕产品继续做精做细,继续不断创新。但由于我国企业没有高水平规模化的技术队伍和自主创新能力,也就没有创新能力的接力。

欧进萍认为,目前主要是由于企业缺乏自主创新能力,造成产学研的脱节。从长期发展来看,国家应该尽快促进社会分工明细合理,加强企业自主创新能力和实体的建设。

如何解决脱节这个问题,欧进萍介绍了大连理工大学在产学研模式方面的创新。他说,大连理工大学在面向科学前沿和国家需求的同时,始终立足于东北老工业基地振兴,有针对性地开展科学技术研究,提供社会服务。大连理工大学与地方政府合作,成立了辽宁省校企合作委员会、大连市校企合作委员会,包括面向长三角及西北地区的科研合作,建立与企业经常性交流、合作的机制。目前已经解决了上千项技术问题;积极探索与企业合作共建技术研发中心,先后成立了沈鼓—大工研究院、辽油—大工研究院,直接面对企业需求开展技术创新,每年企业都投入几千万元;积极参加国家产学研联盟,已经组建、参加化工方面产学研联盟、软件方面产学研联盟、光电方面产学研联盟,并与英特尔合作建立半导体技术学院等等。

在此基础上,今年大连理工大学提出要组建两个研究院:面向科学前沿和高新技术创新的、在校内组建的科学技术研究院;希望得到国家支持、面向企业、校企联合组建、企业化运作管理的技术开发研究院。在技术开发研究院,设立一个个研究所与企业对接,使得高校最终不是转让给企业一个技术,解决一个技术难题,而是转移一个技术研发中心、一个技术研发基地、一种技术研发模式,帮助企业建立自主创新队伍与机制。这样既可以增强企业自主创新、技术研发的能力,还可以拓展高校培养的高层次人才就业空间、渠道。欧进萍认为,这种政府支持、校企合作、企业化运作的研发平台、基地,是产学研模式创新的一种趋势、方向,可以有力满足自主创新持续需求,提升国家自主创新能力。

人才培养和引进两条腿走路

大学承担着人才培养、科学研究、社会服务三大功能,在欧进萍看来,这三大功能应该不是并列的关系。"我们强调人才培养是大学的根本任务,是教师的第一职责,科学研究、社会服务都要以人才培养为中心"。这是当前高校普遍认同的一种观念。欧进萍说,大学终究是国家所需人才培养的主体,因此,如何履行好人才培养的职责对于大学至关重要。教师要承担好教书育人这一首要职责,率先垂范,对学生要有高度责任心和爱心,在具有学术魅力的同时，还应具有高尚的人格魅力等，在社会责任、学术道德、人格魅力等方面感染熏陶学生，为学生树立一个成长成才的标杆。

我国社会经济发展需要大量人才，因此有必要实现人才培养和人才引进两条腿走路。欧进萍指出："国家应大力引进海外优秀人才，同时更重要的是要创新体制，制定相关政策、机制，提供相关条件保障，营造一个适宜引进的海外优秀人才和国内培养的优秀人才成长、发挥才干的环境，要处理好两者的关系。不能光靠引进海外人才，更需要培养国内的学者。否则，就会造成'娶来媳妇，气走女儿'的状况。"

对于海外学子，欧进萍认为，他们有也应该有饮水思源、知恩感恩、报效祖国的意识和胸怀。我国的出国政策是"支持留学、鼓励回国、来去自由"，同时政府也在积极创造环境、制定政策来吸引海外学子回国创业，这是祖国母亲般的胸怀。海外学子的成长基础是在国内打下的，他们应该有报效祖国、服务人民的理想抱负。尽管目前祖国在某些方面还不能达到他们的要求，而这恰恰需要我们一起来努力改造、实现，也恰好为海外优秀人才提供了发挥才华的空间和舞台。

60 年，一个新的起点

2009 年，大连理工大学将迎来 60 周年校庆。欧进萍谈到学校的历史和未来时说，大连理工大学与共和国同龄，是新中国缔造的第一所正规大学，1960 年成为教育部直属重点大学，现在是国家"211 工程"、"985 工程"重点支持建设院校之一。在没有与任何院校合并情况下，大连理工大学始终保持良好发展势头。这是在国家和地方给予了大力支持、帮助下，经过一代一代大工人努力奋斗所取得的巨大成就。

欧进萍说:"60 周年校庆是学校发展的新的起点,展望未来,我们将努力建设国际知名的高水平研究型大学,在人才培养、科学研究和社会服务方面,既能够服务和推动地方社会经济的发展,又能与国内其他大学一样引领中国社会经济的发展。希望大连理工大学能成为'求知问真、追求卓越、修身悟道、引领未来'的一所大学。"

香港城市大学原校长张信刚：

人才引进,不要浪费金融危机带来的机会

崔雪芹　李　珍

张信刚简介:香港城市大学原校长,清华大学名誉教授,英国皇家工程学院外籍院士,香港特区政府金紫荆星章、法国国家荣誉军团勋章获得者,全国政协委员。

大学发展贵在求真

记者：学术腐败已经成为中国大陆一些高校的致命伤。香港的大学、国外大学是否也曾遇到过类似的问题？他们是如何应对和处理的？

张信刚："学术腐败"有许多种表现形式，比如一种是为了要争个人的名誉而抄袭、造假。又如一种学术腐败已经不是个人的抄袭行为，而是一个团队的行为，这种现象在韩国出现过几次。

我工作过的地方偶尔也会出现这种情况，但是非常之少；我在内地看到的情况比我在其他地方看到的更严重一些。我非常不齿于这种行为。对于"真、善、美"这三个字，学术界要做的最基本的就是"真"，发现事情的真相，求得知识。而建立在"假"的基础上，就不能求得真知了。

据我所知，国外大学对类似事情的处理，下狱者有之，立刻解雇者有之。相对说来，内地学校的处理手段往往都比较宽容。我建议，只要不是冤枉人，就要立刻采取果断的措施。任何的处理都有上诉机制，不服可以上诉。学校的处理，不服可以去法院，但是学校不可以自己拖而不决。

记者：大学学科定位、办出特色本身应该有什么样的内涵？应该遵守哪些基本规律？

张信刚：不是每一所学校都有条件办出特色，但是每个学校应该都能够根据自己的特殊条件，找出自己的定位。大学的特色也不是说办到全世界都知道就是有特色，但是绝不要甘居中游。

我很幸运地说，我去香港城市大学的时候，我的同事们都愿意动员起来把学校办出特色，比如说我们办了一个创意媒体学院，也办了一个中国文化中心，这都是别人没有的，这就是有特色了。把大学办出特色的基本规律就是必须有社会上的支持，而且在学校所在的地方毕业生能够发挥他们的影响，让别人认可你。

办学经费主要应由政府买单

记者：在一些发达国家，社会捐赠是高校办学的主要经费来源之一，但在中国，这一有效途径却没有发展起来，您认为根源是什么？

张信刚：中国经济自改革开放后发展刚刚 30 年，富有阶层中没有富过 30 年以上，跟西方某些国家有几百年的富有阶层不一样，这使得捐赠文化以及社会上有财力捐赠的人的深度、厚度无法与一些国家相比。何况，中国的税法中对慈善捐款的激励还不完善。高等教育想靠社会捐赠来作为可靠收入的一部分，哪怕是 5% 目前都是不现实。因为捐赠不稳定，可能有一年达到 10%，另一年却不足 1%，这就让学校很难正常运作。整体来讲，靠捐赠来筹款在中国目前还不现实。

科研经费也是教育资金的一部分，中国的工商企业不但没有捐助大学作科研的历史和传统，而且中国的企业也还没有迈入到作自主性科研的阶段。当一个企业还在模仿，或稍稍改良他们的产品就可求得利润的时候，就不可能额外分一部分钱给大学，因为它的利润还不在于研发。自主研发重要，但这不是一蹴而就的，产、学、研的结合需要时间。况且，靠现有的工商企业来资助这么多大学作科研也是不现实的。但是科研能力比较强的大学完全有可能，比如说清华、北大，工商业者可能愿意把钱投给这样的学校。

同时，应该鼓励工商业者资助促进产、学、研的结合，工商企业自己办一个研究室作研究很难,将大学完全变成工商业的研究机构也不可能,所以应该鼓励双方的合作。

记者:您如何看高校通过提高学费来增加办学经费这种行为?在高校经费上,政府的政策引导和高校的实际措施应该如何改进?

张信刚:民办大学可以收高昂的学费,但是我坚决反对公立大学把学费提得太高,因为教育平等是社会平等、人权平等很重要的一个标志。贫困地区、农村地区的子弟要用同样的方法与人竞争,这使得他们的竞争力本身就弱,假如提高学费,对他们来说就形成了另外一道门槛。所以靠增加学费来增加学校的经费不太实际。近年来主要通过考试来选拔人才,这是很好的做法,避免了很多有钱有权有势的人硬把子女塞到学校的弊端,但学费过多会让清贫子弟望而却步。

解决高校办学经费只有两个办法,一是大学能够尽量精简支出,20世纪80年代,英国、澳大利亚等国的一些大学也都遇到国办大学经费不足的问题,精简支出后这些大学比以前更有竞争力了,总收入不仅没有增加,反而减少了,但是教学科研成果产出反而增加。二是提高全国总教育支出占GDP的比重,现在我国这个比例不到4%,不但比不上发达国家,也比不上一些发展中国家。记得1980年,北大周培源老校长带领学校科学代表团访问麦基尔大学时,就对我说过国家对教育的总支出不够。当然这是30年前的事情,今天跟30年前比起来教育经费总数增加了,但是比重还不大,尽管30多年来从事教育的人在不断地呼吁这件事。

人才培养要结合国情争取先机

记者:目前正在准备实施的千人计划吸引了很多人的关注,您认为中国以这样的方式延揽国内外顶尖科技人才，最后效果会如何？有人表示，大力吸引国外人才的同时也需要兼顾国内本土学者，使得两者能够形成合力，您的看法呢？如何吸引更多的人才回国？

张信刚：内地与香港有两点不同，一是香港以英语为主，所有华裔的和非华裔的，说汉语的和不说汉语的都能交流，这就少了很多限制；二是香港的工资和生活条件，平均比内地要好很多，所以内地延聘人才比起香港来要难。

但是这次金融危机会促使相当一部分海外留学生回国，推动他们在国内就业、创业。另外由于这次金融危机造成美国等国家经济上失调，在相当长的一段时间里，美国等国会减少很多聘用人员。基于这种认识，作为外国出身的或者拿外国护照的人被优先聘请的可能性就又减低了，所以这时候一定要抓住机会去找人，否则就浪费了一个大好的机会，用个俏皮话说——"不要浪费了这次危机"。

内地培养的人才照样是人才，人才绝不只是说海外回来的才叫人才。我们只是希望从数量上增加海外回来的人的阵容，从质量上，这些人可能带来一些新的做学问的方法，新的科研的视角，这就是贡献。

为什么海外回来的人在待遇上要比内地的学者高很多？为什么同工不同酬？这是一个比较难处理的问题，但是中国同工不同酬的现象不是从海归派开始的，许多地方都有同工不同酬的现象。

韩国和中国台湾也遭遇过类似问题，他们的做法值得参考。韩国有很多韩侨在美国，最近20年来，韩国为了推进知识经济的发展和工业化，创办了一些新的大学，同时另外创立了一套制度。在美国这个问题的处理很简单，因为在美国每个人能力不一样，给学校带来的影响不一样,工资也就不一样;大学教授都叫教授,级别是一样的,但是工资不一样。中国还在过渡时期,要接受这样的观念尚需时日。

记者:目前,很多高校都针对创新人才培养进行了一定的努力和探索,在您看来,成效如何?还有哪些不足?您觉得在高校创新人才培养的过程中,需要把握的最重要的因素是什么?

张信刚:中国的发展前途说重一点,就是社会上能不能重视创新,能不能造出一个社会环境、教育环境,让创新人才有机会涌现出来。

社会上很多人有创新精神,创新的人必然对人们现有的思维习惯、行为模式、生活方式有所冲击,这需要社会整体能够容忍不同想法的人,能够容忍不同于大众的表现。当然创新不等于标新立异。

另外社会上强调要同一性,是东亚文化中间的一个特色。中、日、韩乃至新加坡,都受孔子思想的影响,在社会层面,东亚国家一般主张孩子听话,从小就训练要跟大家一样,长大之后要创新就很难,所以创新人才的培养是要社会慢慢造成一个环境。在教育的过程中间鼓励学生有不同的意见,鼓励学生提问,允许学生犯错,不要说因为他犯错就说他是坏学生。

还有一点在经济层面上,像诗词歌赋美术的创新还是带有一个功利主义的概念,有一个经济基础在里面,吃都吃不饱作诗也会作不好。从社会习俗上,要容许人失败,去创业就意味着可能成功也可能失败,要给失败的人一个机会。第一次创业失败就被人看不起,假如是这样的话,还有谁愿意承担创新付出的巨大成本?所以一定要了解他为什么失败,是经营不好没有找到适当的财政管理者,还是自己的机遇不好碰到经济下滑?仔细研究一下说不定能找出原因。我了解到,北美洲对失败者比较宽容,无论从社会评价上,还是从法律规定和融资活动中,愿意给他提供再起的机会。

大学生就业难是暂时的

记者:大学生就业已经成为大家普遍关注的问题,您如何看目前大学生就业难问题?

张信刚:人才供应偶尔出现供大于求,在知识经济时代几乎是不可避免的。中国有 13 亿人口,必然有的人是学非所用、用非所学,从而导致就业困难,这是必然有的现象。

每年毕业 600 多万大学生——从中国今天的人口和经济规模看,大学毕业生数目总体上不是太多,而是太少。这一点我与内地很多同事的看法不太一样,他们是从当前就业的观点来看,我是从人才储备的方面来看,我觉得人才培养、储备是百年大计,金融危机的冲击是短期的。"文革"期间大学停止招生 10 年,形成的人才断层的影响至今也未能完全克服。

至于金融海啸以及各种各样情况所引起的经济放缓,使就业受影响的问题,必须从两个方面来处理。一是政府要设法创造更多的机会,政府可以想办法在 4 万亿投资项目里面聘用一部分应届的或者是近几届就业困难的大学生,可以有计划地推动大学生志愿工作者到山区、农村、西部边远地区去工作。美国总统肯尼迪在任时,就曾经向国外派过好几万的美国年轻人担任和平工作者志愿团,此外还有志愿者到美国的农村、偏远地区、城市的贫民区,不只是教书,还能派做家庭服务、科技推广、卫生辅导等等多方面的工作。另一方面千方百计鼓励雇主们尽量用大学生,雇主们应该多制造一些就业机会。不要让大学毕业生回家去当"啃老族",

这对大学生心理是一个打击。

大学毕业生自己也要有心理准备,愿意接受逆境,接受暂时的不便。在世事瞬息万变的时代,事情总会有转机的,大学生必须要能顺应变化。以良好的心态去接受暂时的困难,反而会使自己从困难的环境中走出来。

记者:目前,国家日益重视高职教育的发展,您觉得要发展高职教育,首先应该克服什么困难?

张信刚:每个人都要找到适当的位置,了解自己的个性能力及家庭经济情况,自己所处的具体的社会环境,不要每个人都心比天高。当然自强不息是一件好事,但是毕竟古往今来的任何社会、任何时期、任何民族,都没有过所有人都有一样的成就。

职业教育在发达国家都扮演着重要的角色,如果全美国人都受奥巴马那样的教育,那美国有可能负担得起吗?在波音等大公司里实际很多是从职业学校毕业的技术工人。德国的职业教育是最发达的,这个国家里称得上是工程师的人很少,但是技工很多,但德国整个社会的文化能力、经济能力、社会的和谐程度、人们的满足感,绝不比其他国家低。中国因为受科举制度的影响,每个父母都希望子女上"985 工程"、"211 工程"大学,都想念完之后考研,考研之后能够出国留学,回来到一个好的单位工作,但是这些地方总共能容纳多少人?

所以从社会角度看,必须要多元化,每个人应该有多元的成就感和多元的自我满足感,任何社会都有分工,人和人之间有工作岗位的不同,但没有尊卑区别。如果说一个人尽了所能,受到周边的人的尊重、关怀,心里很快乐,这样的社会就是一个安和乐利的社会。

西北农林科技大学校长孙武学：

明确办学定位　科技服务"三农"

陈　彬　崔雪芹

孙武学简介:西北农林科技大学校长。1969 年毕业于北京农业大学农经系。曾任陕西省农业区划委员会办公室主任,陕西省政府办公厅副主任、陕西省政府副秘书长、陕西省国际信托投资股份有限公司董事长、中共陕西省委教育工委副书记。1999 年 9 月任西北农林科技大学党委书记,2003 年 8 月转任校长。

孙武学已年过六旬,在全国大学校长行列中,他的个人经历和工作风格可以说是独具个性。在担任西北农林科技大学(以下简称"西北农林科大")校长之前,他曾经长时间在政府和企业就职。丰富的人生阅历让他始终自觉地从国家和社会发展的需求审视自己的责任与学校的定位。

西北农林科大合并组建以来,坚持以农立校,农科教、产学研紧密结合,积极探索"有特色、高水平"的农业大学发展道路。特别是建立了以大学为依托的农业科技推广新模式,在推动区域农业产业发展中发挥出巨大作用。据不完全统计,近4年来,该校累计培养基层农业骨干4000多名,培训农民200多万人次,引进、示范和推广农牧新品种和新技术160多项,取得社会经济效益200多亿元。在西北农林科大即将迎来建校75周年暨合并组建10周年之际,针对学校的定位与下一步的发展,孙武学接受了记者的采访。

实现农业现代化要靠科技支撑

记者: 在新时期,西北农林科大将"突出产学研紧密结合办学特色,创建世界一流农业大学"作为长远的办学目标,请问这样提的原因是什么?

孙武学: 在学习实践科学发展观活动中,我们提出了"突出产学研紧密结合办学特色,创建世界一流农业大学"的实践载体。提出这样的目标,主要是基于以下一些考虑。

第一,这是国家的战略需求。我国是一个农业大国,人口多、农村人口比例大是我国的一个基本国情。而农村发展相对落后,农业产业化特别是现代化水平较低,则是我国现代化进程中的一个"短板"。如果不能实现农业现代化,中国的现代化目标也不可能最终实现。要解决这一重大问题,根本出路在于科技创新。其中农业科技创新的主要源头在农业大学。要建设一流的农业强国,必须有世界一流的农业大学作支撑。

第二,学校经过建校 70 多年的发展,总体办学能力已有很大提升,总体办学水平步入国内农业高校先进行列。特别是我们坚持走农科教、产学研紧密结合的办学道路,在服务现代农业和促进农民增收方面进行了大胆探索,形成了比较鲜明的办学特色。

第三,中国农业生产的潜力在干旱半干旱地区,学校必须为发展干旱半干旱农业作出应有贡献。在 1999 年合并组建时,国家给予我校的重要使命就是研究解决干旱半干旱地区的农业发展问题。在这方面我们有长期的科研积累。发挥自身学科优势,解决旱区现代农业发展和生态环境建设的重大科学与关键技术问题,就能为国家全面协调可持续发展作出大的贡献。

第四,国家把"三农"工作摆在重中之重的位置,为农林高校加快发展提供了重大机遇。在 2004 年学校第一次党代会上,我校确定了"以产学研紧密结合为特色,建设国际知名的高水平研究型大学"的奋斗目标。目前,在按照科学发展观谋划学校发展时,我们认为在办学定位上必须遵循"有特色、高水平"的原则,把以农为主的大学特征和学校的实际凸显出来,把"办怎样水平的农业大学"凸显出来,使国际知名高水平研究型大学这一目标有了更加明确、具体的指向。

技术推广是我们应尽的责任

记者：1999 年，通过合并，西北农林科大成为全国唯一一所由 7 个科研机构和高校合并而成的学校，在此过程中，必然需要协调各方面的关系，您所遇到的阻力也可想而知，您认为当时完成这件事，最大的困难是什么？

孙武学：时任教育部部长的周济在回顾西北农林科技大学改革之路时曾说："事非经过不知难。"那时的工作确实很难，最大的困难还是来自体制上的障碍。

合并前的 7 个单位分属教育、科技两大系统，分别隶属不同的上级部门：西北农业大学归农业部管辖，西北林学院归国家林业局管辖，水土保持研究所归中科院和水利部管辖，西北水利科学研究所由水利部管辖，陕西省农科院、林科院和西北植物研究所由陕西省管辖。这些参与合并的单位不仅数量多，更重要的是它们之间的差异很大：单位级别不同；单位性质、职能定位以及承担的任务有很大差异；各单位职工待遇、收入也有很大差异。如何突破原有的行政体制和管理体制的障碍，也就成为了我们当时要实现实质性合并所面对的最大难题。

除此之外，由于杨凌远离大城市。在当时的情况下，偏僻、交通不便，办学环境相对比较闭塞，导致学校一些员工的眼界和思路受到很大的限制，我称之为观念上的"孤岛效应"。观念制约也成为当时推进改革的障碍因素。后来，在上级领导和有关部门的大力支持下，我们经过认真研究、统筹考虑，下决心以学科为纽带，整合资源，调整功能，强化深度融合，实现了实质性合并，完成了国家科教体制统筹改革的重大实验。

记者:自学校合并以来,西北农林科大就积极探索建立"政府推动下、以大学为依托、基层农技力量为骨干的农业科技推广新模式",并取得了重要进展和明显成效,您当时是如何想到要探索这样一种新的模式的?

孙武学:这一模式的提出也是基于合并后大学的独特结构和功能以及杨凌农科教单位长期的传统。合校以后,我们按照大学的架构来重新设计学校的布局。大学担负着人才培养、科学研究和社会服务三大任务。所以大学教师必须承担教书育人的职责。但是原来科研机构的一些科技人员,由于缺乏教学资历和经验,很难"插手"教学,这就造成了人力资源的浪费。针对这一情况,我们开始考虑承担农业新技术推广的任务,在合校之初就设立了科技推广处。因为合并前的几个省属科研单位,原来就承担着大量推广任务,对于农业技术推广"轻车熟路";同时,处在杨凌这样一个全国唯一的农业高新技术产业示范区,推动农业技术成果的转化和推广也理应成为我们的责任。在这样的理念引导下,我们开始着手研究农业推广问题。

我们仔细研究、借鉴了美国的农业推广模式。美国所有的州立大学早期都是赠地学院,是从农学院发展起来的,农业技术推广是美国各州立大学的法定责任;州立大学的农学院院长,就是这个州的农业技术推广站站长,这种体制一直延续到现在。各州政府把农技推广需要的资金投给大学,由大学负责具体推广任务,实现农业技术相关的教学、科研、推广三位一体。

但是,我们又不能完全照搬美国的经验,我们有自己的国情,因此需要从实际出发积极探索,设计符合我国国情的农业技术推广新模式。经过研究和实践,我们提出:"农技推广应在政府的推动下,以大学为依托,以基层农技力量为骨干,建立以农业试验示范基地(站)为载体、农业科技培训和信息咨询服务体系为支撑的'一体两翼'科技推广新模式。"

记者: 这一模式的基本思路是什么?

孙武学: 新模式的基本思路是组建多学科参与、多专业协同、多层次联动的科技推广队伍,开展从"土地到餐桌"的全产业链技术服务;在农业区域产业中心地带建立产学研三位一体的试验示范站,构建"大学——试验示范站(基地)——科技示范户——农民"的科技进村入户快捷通道。

记者: 在具体的农业推广实施过程中,您又是如何做的?

孙武学: 农业现代化首先要做到的就是产业化。农业生产是一个自然再生产的过程,受自然规律的影响很大。农业生产必须要遵循自然和经济的双重规律,具有很强的区域性特征。根据这一特点,我们在农业技术推广中,选择在农业的最佳产区建立试验示范站,让专家教授走出实验室,深入农业产业实地解决生产技术问题,给农民做出示范,引导农民在尊重自然规律的基础上,采用先进技术,提高资源利用率和生产效率,促进农业向"高产、优质、高效、生态、安全"的方向发展。由于农业的门类很多,我们首先以陕西区域农业主导产业为主要对象,先后在主产区建立了苹果、蔬菜、甜瓜、猕猴桃、茶叶、红枣、核桃、板栗、水产等一批试验示范站和示范基地,同时在陕西、河南、江苏、安徽等地建立了一批以小麦、玉米、油菜为主的农作物示范基地。

这一探索目前也取得了一些成果。以白水苹果试验站为例,试验站把陕西苹果主产区20多个县的苹果示范户集中起来,通过室内讲课、室外示范的方式进行现场培训,效果非常好。除了周边县的农民外,一些其他省市苹果产区的农民也都慕名前来学习,这就使农民真正得到了实惠。

用真情留住人才

记者：我们知道您吃住在学校，和师生打成一片。很多普通员工至今还把您回给他们的拜年短信留在手机里，请问您留住人才的秘诀是什么？

孙武学：到大学任职之后，我很快便意识到，大学要想发展，就必须有高水平的教师队伍。杨凌农业高新技术产业示范区的建设和学校近年来的大发展，极大地改善了科教人员的工作和生活环境。可以说，国家为学校引人留人解决了大环境问题。但学校本身要留住人才，还是要靠真情感动人，用事业吸引人。作为学校的领导，要真心实意地吸引人才，千方百计为人才创造条件。这些年来，只要是学校引进的人才，我都会无一例外与他交谈，了解他需要什么支持，有什么问题需要解决，只要在我职权范围内的，我都会给他一个明确的答复。因为只有得到了学校的支持，这些引进的人才心里才会比较有底气，才能沉下心来，一心一意干工作，为学校发展服务。

记者：除了引进校外的高层次人才之外，对于校内人才，西北农林科大又采取了哪些措施？

孙武学：在下大力气引进高层次人才的同时，我们也注意处理好引进和培养之间的关系，努力构建融洽、和谐、有序的政策环境和人际环境。如果不能很好地协调两者之间的关系，会影响到"本土"人才的工作热情。对此，我们坚持引进和培养并重的原则，采取了一系列措施，加大自身人才的培养规模和力度。

在国家支持下，我们近几年先后派出了近300人到国外作高级访问学者，还选派二三百名教师到国内的高水平大学，根据自己的学科需求进行有针对性的培训提高。通过这样的方式,有效提高了学校"本土"人才的水平。从 2005 年起,我们实施了包括创新团队建设计划、学科带头人支持计划、拔尖人才支持计划、青年学术骨干支持计划、教学名师支持计划等一系列人才强校计划,促进校内人才尽快脱颖而出。这些措施的实施,也防止了"本土"人才产生不平衡感,使他们能够安心、舒心、尽心地开展科研和教学工作。

基础课教学在大学中应占重要地位

记者:您曾经提出过要高度重视提高基础课教学质量,也曾经为此专门在学校进行了多次调研,您是怎样看待基础课在高校中的位置的?

孙武学:对于农业大学来说,基础课占有非常重要的地位。在我国,农学学科长期以来被看成"经验性学科",和高新科技结合不紧,其原因便出在基础上。从本质上说,大学首先需要给学生提供的便是基础性知识,基础理论扎实与否直接关系学生的长远发展。我国高校目前的专业口径分得过细,长期形成的重专业轻基础,不利于人才的培养和成长。对农业大学而言,这一问题尤其突出。

因此,我们必须重视基础课的教学,特别是生命科学的基础课程教学。因为大农学门类诸学科都是生命科学的组成部分,不管是林果还是作物,植物还是动物,其基本构成单位都是基因、蛋白质、细胞这些生命物质。要实现用现代生命科学的理论、方法提升传统农学学科的目标,必须加强生命学科基础类课程教学。基于这样的思考,我们以深化教学内容和调整课程设置为中心,进行一系列的教育教学改革。譬如，我校过去遗传学授课由农学院的教师承担，大多以小麦遗传为主要讲授内容。目前国际上的遗传学理论发展速度非常快，单纯以小麦遗传为主的授课内容显然有很大的局限性。因此，我们决定由生命学院承担起全校基础课程的授课任务，大量选派从综合性大学毕业或是从国外归来的教授授课，把生命科学领域最先进、最前沿的理论教给学生，让学生在厚实的基础上，再进行专业方向的学习，这样便可以举一反三，触类旁通。

多学科发展需保留原有优势

记者：作为一所农林学科专业特色非常明显的高校，对于西北农林科大的发展，您也曾提出过"特色就是生产力，特色就是水平"，在如今高校更多地倾向"多学科发展"的大环境下，您认为如何能够处理好"特色性"与"综合性"之间的关系？

孙武学：对于经过长期积累，原有的学科布局已经形成了一定传统、一定结构的高校来说，盲目地向综合方向发展不是最优的发展路径。行业办学条件下建设起来的大学，不应追求摆脱自身的行业背景，更不能放弃自身的行业优势。这类大学可以往多科性方向发展，但必须保持和发扬学校的传统学科优势。在此基础上，拓展相关的横向学科，培育匹配的新兴学科。通过学科之间的交叉渗透培植属于自己的学科群。譬如信息学科，目前国内所有高水平大学都设置有相关专业，西北农林科大也不例外，但我们要在这方面取得突破，就一定要向数字农业、数字环境、精确农业、智能化农业信息处理等方向拓展，从发展农业数字化、信息化角度思考如何建设信息学科。

大学校长需担当协调者角色

记者：在您看来，大学校长的首要职责是什么？作为一名合格的大学校长应该具备哪些素质？

孙武学：大学校长首先需要承担的是办学治校的管理职责。作为一名大学校长，首先要知其所任，核心是掌握教育教学规律、科学研究规律、大学发育成长的规律，精于管理，善于协调。大学要发展，校级领导班子必须善于进行战略谋划和战略管理，要全面实现学校的办学任务，也必须精于学校管理和教育教学管理。大学内部是一个内容庞杂的"小社会"，各个办学系统之间以及广大师生的权利和利益需要统筹协调，合理兼顾。在这方面，大学校长要当好一个协调者的角色。

记者：您曾提到，在我国，"三农"问题依然是一个关系到国民经济和现代化发展的"老大难问题"，而西北农林科大又是我国唯一一所处在国家农业高新技术产业示范区的高等院校，作为一校之长，您是否觉得压力很大？

孙武学：对我而言，的确感到不小的压力，这份压力来自于国家支持、领导的关注和全校师生的期望。近几年，国家十分重视西北农林科大的发展，国家领导人也经常到学校检查指导工作，对我们给予厚望，也使我们深感责任、使命重大。这些年我们取得了一些成绩，但我们理应做得更好，今后我们还要更加努力。

中国石油大学校长张来斌：

"特色"是大学生存与发展的灵魂

陆　琦　崔雪芹

张来斌简介：中国石油大学（北京）校长。1982 年毕业于华东石油学院机械系，主要从事机电一体化技术、机械设备故障诊断技术的教学和科研工作。中国石油天然气总公司首批优秀青年骨干教师，北京市青年学科带头人。第十一届全国政协常委，民盟中央常委，享受国务院政府特殊津贴。

从大学时代"头戴铝盔走天涯",到如今执掌中国石油大学,张来斌从来就没有离开过石油高等教育。一路走来,张来斌自然形成了自己独特的办学理念和办学思想。在接受记者采访时,他对中国石油大学要建设成为一所什么样的大学、如何建设等一系列关系学校发展的根本性问题作出了明确回答。

一流的大学必须有一流的特色学科

"到2020年,把学校建成以工科为主、多学科协调发展、石油石化学科领域世界一流的研究型大学。"身为中国石油大学校长,张来斌对学校的发展目标非常明确。时下,办综合型大学已经成为一种潮流,但在张来斌看来,国家对于不同领域有着不同的需求,不同的学校自然也承担着不同的责任。对中国石油大学而言,"办出特色才是自己生存的基础和前进的方向"。

高等学校要有特色,这在高等教育界有广泛共识。美籍华人著名科学家田长霖先生曾经指出:"世界上地位上升很快的学校,都是在一两个领域首先取得突破。因为一所学校不可能在很多领域同时达到世界一流,一定要有先后。重点建设大学一定要想办法扶植最优异和有发展前景的学科,把它变成全世界最好的。待它有名气了,其他学科也会自然而然地上来。"

可见,一流大学的产生与发展必须建设出一流的特色学科。张来斌指出,高等学校的特色体现在有比较优势的学科和专业。学科建设的水平也直接反映了高等学校的办学水平和实力。高校应根据自身实际确定一个合理的学科专业范围,随时按照社会和经济的发展规律不断地调整学科专业结构,并可以依据学校情况超前性地设置学科交叉的新专业。

不同的大学在国家发展的进程中扮演着不同的角色,特色型的大学对经济社会发展起着重要的作用。"特色是一所学校生存与发展的灵魂。如果所有高校都想成为综合性大学,那么培养出的人才就是千人一面,这不符合高等教育的发展规律,也不能满足国家经济建设和社会发展的需要。"张来斌说。

多年来,中国石油大学结合自身的长期办学传统,形成并提出了"特色兴校"的办学理念。学校以服从服务国家能源战略需求为崇高历史使命,把做强做大石油石化学科作为重要的战略任务。

张来斌表示:"对于中国石油大学来说,必须以服务能源尤其是石油石化工业的发展为使命,而石油石化学科一直就是我们的强项。"据张来斌介绍,中国石油大学在校的本科生、硕士研究生、博士研究生分别有50%、70%和90%是石油、石化相关专业;超过80%的科研经费来自中石油、中石化、中海油这三大石油公司;毕业生中的50%去了这三大石油公司。

张来斌说:"行业背景大学的发展不可能面面俱到,我们要做到更好、更强、更精,作为石油高等教育中的唯一一支'国家队',中国石油大学要做到在石油石化学科领域科研产出最多、培养的人才最好。"

多学科协调发展可以
构建更好的学术生态环境

"对于一所高等学校来说,'红花'还要'绿叶'扶,石油石化学科也需要其他学科的辅助才能得到更好的发展"。张来斌认为，多学科协调发展可以构建更好的学术生态环境。因此，中国石油大学的办学定位是：继续突出石油石化特色和优势，不断拓宽学科领域，本科教育与研究生教育并重，培养德、智、体、美全面发展的高素质创新型人才，加速提高科技创新能力，立足石油石化，服务社会，走向世界，努力建成以工为主、多学科协调发展、石油石化学科领域世界一流的研究型大学。

作为校长，张来斌希望学校培养出来的学生"厚基础、宽专业、强能力、高素质"。张来斌认为，高等学校在突出办学特色的同时，其高明之处还在于以多门不同的课程构筑一个体系，搭建一个平台，以此来培养和锻造学生的思维能力和思维习惯。"学校教育的目标，归根结底还是在培养人才，而且是全方位、高素质的人才。"

表面上看起来，中国石油大学的某些专业似乎和石油行业根本就是"八竿子打不着"，但是张来斌自有他的解释：很多时候，一门课程存在的意义，是不能单单从这门课程本身去着眼探求的。同样是"材料科学"、"机械工程"，中国石油大学和中国矿业大学的学科侧重是截然不同的，中国石油大学的材料科学、机械工程等学科都要围绕石油石化学科来建设，以支撑特色学科的发展，同时这些学科也得到了很好的发展。

张来斌指出："高等学校必须紧密围绕国家重大战略需求，不断完善和发展学校与国家、企业发展战略紧密结合的学科专业体系。"他介绍，中国石油大学在努力做强做大石油石化学科的同时，积极拓宽学科领域，开展天然气水合物、煤层气、煤制油和煤化工等新方向的研究。学校依托优势学科，大力加强石油石化主干专业建设；以石油工业与社会发展需求为导向及时调整专业设置，本科、硕士、博士专业覆盖石油石化工业生产的全过程。

对于中国石油大学来说,许多科研课题都来自于油田需要解决的实际问题,这与许多综合性大学以科学问题居多的情况有所不同。"我们以解决技术问题居多,因此,我们希望在保持原有优势的基础上,加强基础研究。"张来斌说,"学科建设,尤其是应用性、专业性强的学科建设,不可能像坐电梯那样一蹴而就,而是需要不断积累和沉淀,需要基础学科的有力支撑。科学与技术相互促进,更有利于提升科研水平。"

张来斌将学校的学科发展总结为四个字:顶天立地。"顶天"就是要面向国家石油石化战略需求和科技发展前沿,解决石油石化学科领域的重大科技问题;"立地"就是面向石油石化工业主战场,密切与石油石化企业的联系,解决石油石化企业面临的重大技术难题。

人才培养同样要有特色

作为一名大学校长,张来斌充分认识到:特色鲜明的中国石油大学,应当承担起服务国家重大战略需求的政治责任和社会责任,瞄准国民经济和石油石化工业发展的主战场,为祖国石油工业发展提供科技和人才支持。"这是考验和反映一名大学校长政治素质和治校理教能力的重要方面"。

被誉为"石油人才摇篮"的中国石油大学,半个多世纪以来,为国家培养了10余万名优秀专门人才,为国家石油石化工业的发展奠定了人才基础。在众多的毕业生中涌现出了以吴仪、周永康为代表的党和国家领导人;以何国钟、王德民、时铭显等16位院士为代表的优秀科学家;以新时期铁人王启民、当代青年的榜样秦文贵为代表的英雄模范人物;以及一大批石油石化行业领军人物和工程技术骨干。

对于人才培养,张来斌颇有心得,他说:"首先要遵循人才培养的基本规律,在此基础上,同样也要有特色。"

中国石油大学积极引导学生"学石油、爱石油、献身石油"。学校每年都有50%以上的毕业生奔赴石油工业生产第一线,有近20%的毕业生投身祖国西部建设,石油主干学科80%以上的毕业生选择到石油石化企业就业,极大地满足了我国石油工业发展对人才的需求。时任国务委员的陈至立曾专门作出批示:"很高兴看到越来越多的石油大学毕业生奔赴石油石化一线,尤其到西部就业。"

进入新世纪,我国石油工业实施东部强稳定、西部快发展、走向海外的发展战略。张来斌说:"中国石油大学的人才培养工作围绕这三大战略制定了一系列计划。"近年来,中国石油大学以人的全面发展为目标,以适应国家、企业对人才的需求为己任,不断探索并建立了学分制、辅修制、双学士学位制、转专业制度等多种个性化人才培养模式。尤其是近年来创造性地开展了"校企联合"、"订单式"、"国际石油合作型"、研究生企业工作站等人才培养新模式,走出了一条面向国家重大需求的企、校、生三方受益的人才培养新途径。

所谓研究生企业工作站,就是仿照博士后工作站的形式在企业设立的研究生工作站。研究生在学校完成一年课程后,就到企业去完成论文。张来斌介绍说:"现在企业的科研条件相当不错,科研经费也较为充足,可以给学生一个较好的发展平台和空间,学生与企业之间也可以提前全面深入地相互了解,对于学校加强与企业的联系、产学研一体化以及研究生的就业都大有裨益。"

中国石油大学的第一个研究生企业工作站设在新疆塔里木。张来斌告诉记者："当时塔里木原本招不到我们学校的研究生。为了支持西部，也为了给学生搭建好的科研平台，2002年，我们在塔里木设立了第一个研究生企业工作站，第一批去了3位研究生，毕业后留下了2位。"

现在中国石油大学已经把研究生企业工作站的模式推广开来，这对于研究生实践能力的培养非常有帮助。"最近，国家强调要加强研究生的实践能力培养，其实我们早就开始做了，而且效果还不错。"张来斌说。

除了研究生的特色培养模式外，中国石油大学在本科生的特色培养方面也有一些探索，即建立了与中石油东方地球物理公司、大港油田等18家企业全面合作的"订单式"人才培养模式。

所谓"订单式"培养，简单地说，就是通过校企合作来"按需定做"。学校与企业进行合作，企业作为市场主体，提供人才培养的具体目标，并参与到教学的全过程，学校和企业共同制定培养方案，结合岗位需求组织教学，学生毕业后到企业直接上岗工作。

学校根据企业的不同需求对学生进行不同的强化培养。张来斌说："在核心课程不变的情况下，学校对选修课的设置根据企业的要求进行一些调整。"比如：中海油的海洋工程公司的"订单"，就专门增加了几门海洋工程的课；大庆油田的"订单"，就有意识地加强英语或者小语种外语的课程。"'订单式'培养的好处就是学校企业充分利用了双方的优质资源：学校在企业建立起了校外实训基地，教学计划完全按企业生产规律来制定，学校安排学生参与到企业一线，企业的专家对学生进行有效的专业指导；对企业来说，学校为企业的及时用人提供了保证，提高了企业的工作效率。"

中国石油工业海外业务拓展较快,最需要的不是研究型人才,而是管理、英语、会计、法律等人才,这种人才的需求缺口较大,供需比大约是1:6。针对这种情况,中国石油大学国际交流与合作的步伐正在不断加快。张来斌介绍,"十五"以来,学校与美国、俄罗斯、英国、加拿大、挪威、丹麦等国的20多所大学签署了合作协议,建立了多规格、多元化"国际石油合作型"人才培养新模式,学校已选派了由中石化和中石油全额资助的136名学生赴俄罗斯古勃金国立石油天然气大学和乌法大学进行联合培养。

张来斌表示:"正是因为我们长期围绕石油工业的战略需求来培养人才,所以无论国内或国际的大石油公司都非常认可我们的学生,很愿意和我们学校合作,目前已经走上了良性发展的轨道。"

认识张来斌的人都知道,这位校长有一大爱好,就是下围棋。尽管由于校务繁忙,张来斌已经断了棋缘,但在接受记者采访时,他还是忍不住提到围棋,他说:"实力决定一切,就像下围棋一样。中国石油大学只有树立更高的目标,提高自身的核心竞争力,才能在世界主流的圈子里立足,世界一流的石油石化专家才会愿意与我们开展交流与合作。也只有这样,我们才能为越来越国际化的中国石油石化工业提供更多更好的服务,也才能担当起国家和社会寄予我们的重托。"

北京理工大学校长胡海岩：

大学发展必须循序渐进
科技创新源于学术基础

崔雪芹　陆　琦

胡海岩简介：北京理工大学校长，中国科学院院士。1988 年毕业于南京航空航天大学固体力学专业，获工学博士，此后留校任教。1994 年任教授，1995 年任博士生导师，2001 年任南京航空航天大学校长、研究生院院长。1992 ~ 1994 年任德国 Stuttgart 大学力学研究所 B 洪堡基金研究员。1996 ~ 1997 年任美国 Duke 大学客座教授。

在一个小时的采访中,北京理工大学校长、中国科学院院士胡海岩给我们的感觉是思路非常清晰。尽管已有 9 年的大学校长经历,但从南京航空航天大学调任北京理工大学,胡海岩"还是感觉很有压力"。

他明确表示,大学的发展必须循序渐进,注重内涵,不能急功近利。对于如何进行大学的内涵建设、选择什么样的人担任大学管理者、如何处理好科技创新和学术基础之间的关系等,胡海岩校长给出了自己的答案。

国防科技特色大学:理工并重、交叉融合

记者:您 2007 年出任北京理工大学校长,近两年来在学校的建设和发展上提出了什么理念和思路?在您任内有哪些希望实现的目标?

胡海岩:从南京航空航天大学到北京理工大学,9 年的校长经历使我有一个体会——大学建设,欲速则不达。大学建设必须注重其内涵,而真正的内涵建设时间漫长。所以,大学校长不能急于让学校在短期内发生大改变。特别是以学术水平为核心的学校竞争力必须依靠科学规划和扎实工作,靠日积月累而提升,不可能靠打"突击战"一蹴而就。

大学的建设和发展必须循序渐进,可以说是个"慢活儿"。作为校长,当然不能因为是"慢活儿"就无所作为。在今年年初的学校工作会议上,我曾代表学校党委提出了"激情进取、科学发展"

的若干办学思路。创建一流大学要有激情,没有激情,就无法充分解放思想,就谈不上发展;但只有激情而没有科学的发展谋略,就无法实事求是,也无法把大学建设好。所以"激情进取、科学发展"是我们创建一流大学应具备的精神面貌和工作思路。

在"激情进取、科学发展"的基本思路下,我们规划了北京理工大学的发展目标,明确了实现目标的措施。具体来讲,学校几年前确定了"三步走"的发展战略:第一步,到建校 70 周年,即 2010 年时,达到国家研究型大学建设水平;第二步,到建校 80 周年,即 2020 年时,建成"国内一流、国际知名"的高水平研究型大学;第三步,在建校 100 周年,即 2040 年时,建成具有延安精神文化背景和国防科技特色的世界一流大学。

我认为,第一步建设目标即将实现,学校上下正在为实现第二步建设目标而努力奋斗,这也正是学校作为"985 工程"重点建设高校所确立的目标定位。

围绕上述办学目标,我们现在集中精力关注的是学校的内涵建设。内涵建设的主要内容可以理解为:"大楼"、"大师"和"大气"。这三个"大"是高水平大学内涵建设最重要的三个方面。

所谓"大楼",是指高水平的基础设施、教学科研设施、公共服务与保障体系以及优美的校园。"大楼"建设是立竿见影的,相对比较容易。近几年,我校在驻京部属高校中率先建设新校区并投入运行,学校面貌发生了巨大变化。目前,我们还在抓紧推进一系列基础设施建设,进一步改善办学条件。我相信"大楼"建设在 3~5 年内就会见到成效。

所谓"大师",是指杰出的学科带头人及创新团队。近几年,学校上下对"大师"重要性的认识比过去提高了很多。在"以人为本"的科学发展观指导下,在"注重领军人物"的内涵建设思路引领下，大家都认识到"大师"是最紧缺的办学资源。我们在这方面下了不少气力，通过"引进加培养"，提高师资队伍和干部队伍水平。一方面，我们通过面向海内外公开招聘各学院院长等举措，引进了一批"长江学者奖励计划"特聘教授、国家杰出青年科学基金获得者。另一方面，学校努力创造良好的育人氛围，一批优秀中青年学者正在成长。

所谓"大气"，是指高尚的大学精神、先进的大学文化及相应的现代大学制度。相对于"大楼"和"大师"，"大气"建设是最难的，需要很长时间的积累。北京理工大学办学近70年，形成了延安精神、服务国防等具有自身鲜明特色的大学文化。但我们必须看到，大学文化建设还不适应创建一流大学的需求，学校的制度建设、体制机制建设也需要进一步改革和改善。

"大楼"和"大师"是硬实力，"大气"是软实力，这三者构成了学校提升整体办学水平和核心竞争力的三大基础。

记者：北京理工大学是我国国防科技人才培养和国防科学技术研究的重要基地之一。在您看来，如何使学校的特色更加鲜明，使某些领域或学科真正成为世界一流？

胡海岩：研究型大学的建设和发展以学科的建设和发展为龙头，一流大学必须要有一流的学科。我认为，一所大学只建设几个一流学科还未必是一流大学，更重要的在于这些一流学科必须是引领当前和未来国家科技发展的主干学科，是国家科技发展中新兴的"朝阳学科"。

北京理工大学作为国家重点建设的、以国防科技为特色的研究型大学，应该以建设创新型国家为己任，积极服务于国家重大战略需求，主动应对新军事变革带来的科技挑战，创建引领国防科技发展的主干学科。关于如何创建这样的主干学科，是否把财力和物力都集中投向这些学科,我认为并非如此。国防科技所特有的先进性、对抗性、保密性要求我们必须提升原始创新能力。因此,我们提出要坚持走"理工并重、相互融合"的发展道路。

"理工并重、相互融合"不单单是两类学科的交流合作,而应该体现在学校的办学理念和办学思路上,体现在学校制度建设、体制机制建设上,融合于研究型大学的人才培养、科学研究、社会服务的使命中,并最终体现在理工学科共同创建引领国防科技发展主干学科的中心任务上。

理科建设,在工科为主的高校中难度比较大,建设周期长、见效慢。但是,一流的理工科大学在具备一流工科的同时必须具备一流的理科。科技创新源于扎实的学术基础,只有具备扎实的学术基础,才能胜任科技创新的使命,才能培养高层次的创新人才,产出高水平的学术成果,进而提升学校的办学水平。

一个学科从诞生、成长、进入壮年,最终会衰老。为了使学科具有旺盛的生命力,需要对传统学科不断更新其内涵,特别注重传统学科与其他学科的交叉融合;同时学科建设必须富有远见,要善于捕捉、善于谋划,将现在所谓的"支流"学科建设发展成未来的主流、主干学科。

大学校长:德才兼备

记者:1988 年至 1997 年,这 10 年是您潜心学术的 10 年。这之后,您开始涉足高等教育管理。您是否觉得大学管理工作对您的科研事业发展有所影响? 在您 20 多年来科研工作取得的卓越成就中,您最看重哪一项成果? 它为什么让您如此看重?

胡海岩:如果专心致志从事学术工作,我相信,自己的学术水平会更高些,学术成就也会更多些。

2006 年,我带领的学术团队完成的"振动控制系统的非线性动力学"获得国家自然科学奖二等奖,这是让我感到自豪的一项研究。

我之所以自豪,不仅仅是因为这项成果获了国家奖励,而在于它具有两方面的重要意义。从科学研究方面看,这项研究带动了一个学科研究领域的发展,推动了科技进步。我们的研究成果不仅吸引了很多学者投身到这个研究领域中,而且对于如何解决振动控制所涉及的非线性动力学问题具有指导意义。从人才培养方面看,这项历时 20 多年的研究培养了一批优秀青年学者,他们中有国家杰出青年科学基金获得者、全国优秀博士学位论文获得者,他们中的大多数在国内外力学界已具有很好的学术声誉。

作为大学教师,如果只完成了科研任务而没有培养出优秀人才,则没有完成大学教师的神圣使命。大学教师,既要研究出成果,又要培养出人才。这两个方面的责任体现出大学教师的核心价值。

记者:目前国内高校中,"学而优则仕"的情况很多,不少大学校长和大学管理者由已经取得了优秀成果的学者出任。有人认为,这样一方面会影响这些学者对科研工作的投入,浪费人才;另一方面会造成科研资源分配不公。您对此是怎么看的?

胡海岩:这是一个两难的问题。究竟选择什么样的人担任大学校长和大学管理者? 是选优秀的学者,还是选纯粹的行政管理者?

据我了解,在世界范围内,研究型大学的校长,都是由优秀学者来担任的。丰富的研究经历,优雅的科学品位,高尚的大学情操,这些对于大学校长深刻理解大学精神和圆满完成大学使命都至关重要。至于其他管理岗位,则应根据其职责要求来物色人选。

当然,人的精力毕竟有限。优秀学者担任校长或大学管理者,对学者自身来讲,其学术研究肯定会受到影响。但如果从全局最优的角度看,选择少数优秀学者在学术上作出一些牺牲,而换来大学的发展,无论立足眼前还是志在未来,对于民族复兴和人类进步都是值得的。如果能物色到心胸开阔、具有全局观念的优秀学者来担任校长或大学管理者,不用担心资源分配不公的问题。

目前,有些大学管理者在某种程度上过多地关注自己的学术工作,而在学校管理上投入不足,甚至利用职权多占资源。但从总体来看,我国绝大部分研究型大学的校长是德才兼备的,他们将主要精力放在大学管理上,利用业余时间从事学术工作。我认为,适度从事学术工作有利于他们保持学者的思维和风格,有利于他们加强与教师的联系和沟通,有利于他们办好大学。

记者:担任大学校长近9年之后,您觉得一位合格的大学校长应该具备哪些基本素质?

胡海岩:不同类型的大学对校长提出了不同的要求,但德才兼备是担任大学校长最基本的素质。首先,大学校长要有"德",要有高尚的追求,博大的胸怀,才能肩负起校长的使命,否则大学的建设无从谈起。其次,大学校长要有"才",要有高尚的科学品位,敏锐的学科洞察力,应是一位优秀学者。

可以看到,在许多世界著名大学,正是由于校长具备优秀学者的素质,拥有与其他优秀学者相同的科学品位和对科学问题的共识,因此而富有号召力和凝聚力,能够使优秀学者们源源不断地会聚到大学的校园中。

至于谈到具体的管理知识和经验,可以通过时间和实践一步步地积累。我认为,大学校长更多是锻炼出来的,而不单单是选拔培养出来的。

创新型人才:学术基础 + 创新意识

记者:近年来,"创新"理念已经深入人心。在您看来,我国高校科技创新工作的现状如何? 在哪些方面还有欠缺? 我们该如何努力改变这种现状?

胡海岩:目前,我国高校的科技创新现状,令人喜忧参半。

好的方面是,这几年大家的科技创新意识比过去明显加强,不论是大学的管理者,还是教师,都开始注重科技创新。无论是在大学的办学理念层面,还是在学校的具体措施方面,都较以往有了进步。同时,国家和学校的政策、体制机制也在不断进行改革,所有这些都值得我们欣喜。

但我们必须注意到,随着科学技术的发展,科学研究规模的扩大,不少学者已将从事科学研究作为谋生的手段,而不是进行事业的追求。目前,不少"创新"成果带有明显的功利色彩,是为功利而创新。有些成果所体现的创新只是某种标新立异,甚至是刻意包装。这样做的直接后果就是,我们的学术看上去很繁荣,似乎天天都有新发现和新发明,但是真正在科学技术史上具有里程碑意义或者能长久留下来的东西并不多,有重大影响的科技成果并不多。

我们还必须看到,以急功近利的心态去看待科技创新和从事科技创新,使得科技创新所需要的学术基础比过去有所弱化,无论是学生的学习,还是教师的学术研究,在学术基础方面都不如过去。更加令人担忧的是,我们的学术风气会由此而被败坏。

我想,这可能与市场经济一样,是我们必须经历的一个历史阶段。历史上，韩国等新兴工业化国家的科技发展也曾经历过类似的阶段。但是，我们不能只是被动地经历，而必须主动、深刻地反思，在发现问题后予以积极纠正。只有这样，我们才能正确引导青年学者和莘莘学子，使大家以沉稳的心态来看待科技创新、看待科学本身。

记者：科技创新的主体是人，是具有创新精神和创新能力的人才。培养这样的人才，是高水平研究型大学的使命。您认为，被誉为"培养国防科技高级人才摇篮"的北京理工大学培养的人才应该具备哪些基本素质？为了实现这样的人才培养目标，学校进行了哪些实践与探索？

胡海岩：北京理工大学是一所以国防科技为特色的高校，其主干学科培养的人才主要服务于国防科技工业。国防科技工业的需要，决定了我们人才培养的目标。同时，作为一所国家重点大学，人才培养不能仅仅满足现在的需要，更要着眼于未来，特别是要培养满足未来国防科技发展需要的领军人才。

实践证明，国防科技工业的发展必须依靠自主创新。我国的国防科技工业正处在以集成创新和对引进先进技术的消化、吸收、再创新为主的阶段，原始创新的比重还不是很高。但我相信，不久的将来，它将以原始创新和集成创新为主。因此，学校必须着眼于未来，加强学生科技创新能力的培养。

创新型人才的基本素质包括两个方面，一是宽厚的学术基础；二是强烈的创新意识，单单强调其中任何一个方面都不行。上个世纪以来，最重要的技术进步主要来自基础研究成果。因此，不论是人才培养还是科学研究，没有学术基础就没有根基，科技创新源于扎实的学术基础。基础研究的水平越高，对客观规律认识得越深入，创新视野和思路就越宽阔，创新成果的影响也越大。

正是基于这样的认识,北京理工大学决定在宇航学院、机电学院、信息与电子学院试行"本硕博连读"培养计划,实行理工结合、贯通培养。该培养计划旨在培养面向国家工业化、信息化、国防科技现代化的新一代科技领军人才,追求"刻苦学习理论、勤于动手实践、勇于独立思考、善于自我创新"的培养目标。在培养过程中,努力将理科基础学习、工科专业学习、实践创新研究融为一体,注重塑造学生的科学精神和人文素养,培养学生从工程中提炼、解决科学问题的能力和在技术上自主创新的能力。

记者:2008 年 11 月,您在北京理工大学作了一场有关"技术科学中的美学"的报告,提出要在技术科学的教学和研究中引入美学思想。在北京理工大学这样一所理工类高校中,提倡美学教育是出于什么样的理念?

胡海岩:在高层次人才的培养中,需要高雅科学品位的养成。当然,这包括很多方面,而重视美学教育是其中的一个重要方面。美学是艺术的哲学。如果一个人有很好的美学修养,势必对于艺术、哲学有比较多的关注,这种关注会引导他去从哲学的高度和艺术的角度来看待所从事的科学研究或者技术研究。所以,美学教育对于高层次人才拓宽视野、提高学术品位、增强创新意识是有所帮助的。

当然,一个人的科学品位和创新意识绝不是听一场报告就能提高的。我的报告只是提供一个看问题的角度,希望引起研究生和高年级本科生的兴趣。

我认为,大学的学术报告应该是一个"百家论坛",百花齐放、百家争鸣。我更希望,学术报告的听众们能够有自己的一些深入思考,特别是一些批判性思维。

大学是各种学术思想兼容并包的学术机构,而不是行政机构,不应把大学管理者的思想和观点以行政方式发布下去。重要的是,通过演讲启发学生主动思考,通过教学培养学生善于学习,通过实践锻炼学生创新思维,通过表率引导学生完善自我,最终通过大学生活使学生体会到受益终身的大学精神。

华中科技大学校长李培根：

创新教育不能仅限于优秀学生

崔雪芹　周前进

李培根简介：华中科技大学校长，中国工程院院士，美国威斯康星-麦迪逊大学博士；现任中国机械工程学会副理事长，教育部机械工程教学指导委员会主任委员，中共十七大代表，第十一届全国人大代表。长期从事机械与制造领域的教学与科研工作，发表论文百余篇，出版专著4部。

20 世纪 70 年代末 80 年代初以来的中国高等教育改革,使得一批单科性或多科性大学迈向了综合化、跨越式发展之路;世纪之交的中国高等教育改革,使得一批高校迈向了建设世界高水平大学之路,我国的高等教育步入到大众化发展阶段。弹指间,这些关乎中国百年大计的重大改革已走过了 30 年的光景。近日,就现阶段这类高校乃至中国高校建设发展中面临的一些共性的问题,记者采访了华中科技大学校长李培根院士。

在综合化进程中趋同不是件好事

记者:有高校教师认为,一些从前以工科为背景的大学在走向综合性大学的过程中,文科的发展遇到了很大困难,您认为华中科技大学有没有这种困难,若有,是如何解决的?

李培根:讲我校文科发展状况前,我想先表达一个大家都基本认同的观点:任何一所大学都不可能重点发展所有学科,不同时期有不同的发展重点;现阶段各高校大都在重点发展自己最有特色的学科。

坦率地讲,在我校,文科目前还没有成为优势学科。但在我校综合化发展的进程中,文科发展得很快。这其中,困难当然有,但应该不是很大的问题和困难。

我校的传统优势主要在工科和医科等应用性学科,但我校历来都认为,学校所有学科都是学校的宝贵资源,要兼顾全局,统筹发展。因而,在 20 世纪 70 年代末我校开始的建设综合性大学的进程中，就不只是发展工科和医科，也注重发展文科和理科。

近30年来，我校的文科得到快速发展，具备了一定的实力，并且还办出了一些特色，例如，已建成西方经济学、高等教育学2个国家重点学科，拥有新闻传播学、管理科学与工程等4个博士学位授权一级学科。我校的文化素质教育、人文讲座做得非常好。人文讲座从1994年3月开始一直坚持到现在，成为我校一个很好的传统。

具体来讲，在20世纪90年代初期，针对高校普遍存在的重理工轻人文的现象，也为了加强自身的人文底蕴建设，我校在理工科院校率先举起了"文化素质教育"的大旗，邀请一些很优秀的、大师级的学者来我校作讲座。这种方式对我校人文氛围的形成产生了非常好的影响，在全国高校乃至中学也都产生了很好的辐射作用。相信在这一点上，我校不亚于那些文科实力较强的学校。

当然，文科的发展是非常讲究积淀的，我校作为新中国建立后创办并成长起来的一所年轻的高校，想短时间内改变文科的面貌也不太容易。比起老牌的综合性大学，我校文科的确要弱一些，目前在人才引进和培养方面也还存在着一些困难，整体上还不如理工科。但我相信，只要我们抢抓机遇，落实好文科发展思路和有关倾斜政策，我校的文科就一定会发展得越来越好。

记者：近年来，在多种因素的推动下，国内大多数本科高校都向着综合性大学这个目标迈进，在您看来，这对我国高等教育发展有何影响？

李培根：我不反对高校向综合性大学发展，我校的办学定位也是建设研究型、综合性、开放式大学，且已建成除军事学以外的11大学科门类。但我始终认为，一个好的生态环境一定具有生物的多样性，这是一个最基本的规律。教育也是一样，要保持多样性，各自保持各自的特色,完全趋同显然不是一件好事。

我校结合自身发展的需要,在向综合性大学迈进的过程中,一直在加倍努力保持并巩固我们的优势和特色,比如保持和巩固工科、医科等应用性学科在我国高校中的优势,保持和巩固科技教育与人文教育相融合、学研产协调发展、开放式办学等办学特色。数十年来,我校一直是在保持和巩固自身优势和特色的基础上发展,在传承与创新中寻求新的突破。

大学之间需要良性竞争

记者:无论是在全国范围内,还是在区域范围中,大学之间的竞争都很激烈。您如何看待大学之间,特别是名校之间的竞争?

李培根:在新的国内国际形势下,特别是在建设创新型国家和世界高水平大学的历史进程中,大学之间的竞争的确越来越激烈。我校跟国内其他一些好的大学之间的竞争肯定是存在的、不间断的。但这种竞争是像兄弟一样的竞争,一方面是在相互学习,取长补短;另一方面像赛跑一样,对各自的进步都有利。这种竞争是一件好事情。比如我校和武汉大学,同处湖北武汉,各具特色和优势,两所学校之间的良性竞争对于各自的发展肯定都有好处。2009 年 3 月,部属高校自深入学习实践科学发展观活动启动以来,各高校围绕活动的主要目标和任务等,紧扣主题、深入调研,以期明确发展思路、解决突出问题、创新体制机制、促进科学发展,抢赢新一轮的发展先机。这其中,就必然存在一些竞争。

但我们也在相互交流、相互启发、相互促进、相互提高。我校到浙江大学、上海交通大学等校调研学习,都得到了他们的热情相助。2009 年 4 月 10 日以来,我校和武汉大学负责人已经两次坐在一起，围绕深入学习实践科学发展观活动的做法和经验等进行了广泛深入的交流，双方均感受益良多。对于兄弟院校，我们更多的是看到它们的长处，它们有很多值得我们学习的东西。

记者：华中科技大学经过这些年的发展，在全国的影响越来越大，对于以后的发展，学校有无具体的更进一步的规划？

李培根：我校的办学目标是建成国内一流、国际知名大学，办学定位是"研究型、综合性、开放式"，努力实现"一流教学、一流本科"以及学研产协调发展的办学特色。并为此制定了中长期发展战略规划和"十一五"发展规划纲要。

我想从三个方面来梳理。

首先，要再规划我校的发展战略问题。根据《国家中长期教育改革和发展规划纲要》精神，我校对发展定位、发展理念和发展战略等进行再学习、再讨论、再规划，着力思考建设什么样的华中科技大学，怎样建设这样的大学等宏观战略问题，并在此基础上形成《华中科技大学中长期发展战略规划（2009～2020）》。

第二，要理清问题、化解矛盾。我们国家、我们国家的高等教育乃至我校经过数十年快速、跨越式发展，目前正处于一个新的历史阶段。这个阶段，既是一个战略机遇期，也是一个矛盾凸显期。就我校发展来讲，我们希望在可预见的将来成为世界知名高水平大学，成为世界一流大学。在这个进程中，首先要把我校现存的矛盾、制约发展的问题理清楚，并在此基础上认真地分析问题、化解矛盾。只有这样，才能使我校更好更快地行进在建设世界知名高水平大学的大道上。

第三，要确立一个长远发展的标杆。无论是治学还是立事，一定要树立高远的标杆，追求卓越，并为之努力奋斗，才有可能实现目标，或给人意外之喜。我校老领导朱九思同志在20世纪七八十年代把 MIT 作为我校奋斗的一个标杆。尽管我校今天和 MIT 比较起来似乎依然遥不可及,但是当年朱九思同志把它作为一个标杆有着非常积极的意义,这个标杆及随之实施的一系列教育改革与创新,带来了我校的跨越式发展和综合实力的腾飞。今天,我校的发展要树立一个什么样的标杆? 我校能否还把 MIT 作为一个长远的标杆? 我校各院系应树立什么样的标杆? 这些,我们都正在借助学习实践科学发展观活动,开展解放思想大讨论,开展深度的调查研究、检查分析、整改落实。总的要求就是:要站得高,要有大视野,要有一个长远的考虑。

创新教育要让广大学生受益

记者:围绕建设创新型国家的战略需求,很多高校都对创新型人才的培养进行了探索,华中科技大学在这方面做了哪些工作? 您觉得效果如何?

李培根:我们一直在探索培养创新型人才。我校的办学理念是"育人为本,创新是魂,责任以行"。"育人为本",就是强调大学最根本的任务是培养人。我认为,在"育人为本"上,大学的三大功能——人才培养、科学研究和社会服务是不能平行的,也就是说,科学研究和社会服务也得为人才培养服务。"创新是魂",强调的是求是求真,要有教育创新、科技创新、管理创新,创新的精神体现在我校工作的方方面面,要努力办尽可能好的教育,不断提高学生的创新能力等。"责任以行",包含两个方面:一是大学本身应该承载的社会责任;二是培养的人才应该有强烈的社会责任感。

从最近这些年来看,我校在创新人才培养方面做得还是挺好的,可以讲已经形成了很好的氛围和风气。这是令我非常高兴的一件事。

譬如我校最近针对本科生成立的启明学院，它按照自愿原则，把符合一定条件的大学生创新团队、实验班、特长生等遴选进来享受特殊熏陶，也主要是为了培养创新型人才。对于学生，尤其是优秀学生，我们想借此探索以学生为中心的教育方式。

启明学院提倡不同专业的学生一起活动，促进多学科交叉。现在的学生基本上是按专业来培养的，虽然在本专业的基础上可以选修一些其他专业的课程或修双学位，但这还远远不够。我认为，真正的学科交叉是让不同学科的学生有更多的机会在一起进行某些学习实践活动，如在做项目的过程中，不同专业的学生在一起互相交流，这对培养学生的创新能力非常有好处。启明学院还加强与社会、业界的联系，引导学生与业界联系起来开展学习与实践。

在专业基础上，我们加强对学生宏观思维能力的培养，即引导学生在宏观问题、重大问题、整体联系上进行训练和思考，宏观思维有利于培养学生的宇宙观、方法观、公民意识、社会责任感。我校还针对硕士、博士研究生设立了创新研究院，力图通过大项目的研究，把优秀学生、优秀导师、优质的项目配置在一起，促进多学科交叉，推进研究生创新能力的培养。

当然，创新教育不能只限于优秀学生。我们每一位教师都有责任和义务把创新教育的理念贯穿到日常教学、科研和社会服务活动中，让最广大的学生受益。我校近年来也采取了一系列的措施，不断进行人才培养模式的改革，逐步形成了创新能力培养模式、国际联合培养模式、学研产联合培养模式、复合型人才培养模式等多样化的培养模式，努力挖掘最大多数学生的创新实践能力。

记者：在创新人才的培养中，除高校外，政府与社会承担着怎样的责任,如何能将三者统一起来?

李培根:对于创新人才的培养以及高校科技创新能力的提高,这几年的国家投入成倍增长,但是创新能力的提高幅度与国家投入的增长远不成比例。

其中的深层次原因,我认为不是教育系统内部的问题,而是一个社会问题。受社会大环境及现行高校教师评价体系的影响,现在大学里功利化的现象比较严重,很少有老师能够静下心来认真考虑如何挖掘学生的潜能,这对教育的危害非常大,不利于大学精神和文化的构建,也明显制约了大学创新能力的提高和创新人才的培养。

作为大学的管理者,要思考在目前的现实下,怎么使大学尽可能小地受社会不良风气的影响,传承大学的优良传统和精神,并发挥大学的引领作用。

记者:目前,国家日益重视发展高职教育,您觉得要发展高职教育,首先应该努力克服的困难是什么?

李培根:职业教育应该大力提倡。发展高职教育首先要改变人们选择大学和就业的观念。其实高职的毕业生也是社会很需要的人才。我认为社会的人才结构应该是一个金字塔形,塔尖是以诺贝尔奖获得者等为代表的高层次人才,塔的底基就是技术工人等,他们都是社会需要的人才,都能作出很多创新成果,而且越是到金字塔的"底层",所需要的人才就越多。

大学生的就业观念需要转变

记者:现在的金融危机给学生就业带来了困难,不知道贵校学生是否受到影响?又是如何解决的?有人说这是大学扩招带来的结果,您对此如何看?

李培根:目前的形势下,我校大学生就业情况肯定会比往年稍微困难一些,这是一个大的形势,不仅是中国,我相信世界也是一样,这是不可抗拒的。只不过影响程度不一样,表现形式也可能不一样。有一些学校可能面临着好多学生找不到工作的困境,有一些学校的学生则能找到工作,但未必那么理想,或者说满意度不如以前;相对而言我校肯定算是好一些的。目前,我校本科生、研究生的平均签约率与去年同期相比基本持平,部分院系的本科生签约率已经超过 90%。

为了解决目前的大学生就业问题,政府采取了很多措施,大学的压力也很大。在就业问题上如何才能解决得更好一些? 宏观地讲,大学在此问题上能起一些重要作用,但关键并不在大学自身,而在社会,在社会所能够提供的总的就业机会。当总的社会就业容量确定的时候,一些学校就业工作做得好,学生的就业情况好一些,但另一些学校的学生就业情况肯定就不会理想。

在这种情势下,学生的就业观念需要改一改,学生家长的观念也要改一改。不能遇上就业问题,就质疑大学扩招,这是不客观、不公平的。

其实,很多大学生不是找不到工作,而是找不到自己满意的工作。比如学新闻的,一心想当记者、编辑,当这些不能够满足的时候,在企业做文书、企划工作可不可以? 我认为是可以的。但是现实中有一些学生,当找不到自己满意的工作时,就不去找了。又比如,毕业生可以考虑在社区等基层做一些工作,从中找到就业岗位和进一步发展的机会。因为真正从社会需求的角度来讲,社区等基层有很多工作需要受过高等教育的人去做。但目前很少有大学生愿意去社区,原因往往只是放不下大学生的架子。

我告诉我的学生们"要学会退而求其次"——当找不到理想工作的时候,应该选择次一点的。我个人就是很典型的例子,我大学毕业之后当了很长一段时间的工人,就是最普通的工人,但我今天认为从中学到了一些东西。

学术腐败绝不能宽容

记者:2009 年 1 月,温家宝总理在国家科教领导小组会议讲话中提到,应该由学校和校长负责把学校办好,您如何看自主办学或大学的独立性问题?

李培根:这个问题要从正反两方面来说。一方面,我国高等教育的确还存在一些问题,高校有独立性不足的问题。但我不认为这纯粹是教育部的问题,而是整个社会的问题,长期以来我们比较习惯于统一指挥。

另一方面,这几年我们在自主办学方面改善了很多,尤其是在学科发展上,学校是有足够独立性的。校长们都可以按照自己的思路去发展他所掌管的大学的各个学科。

记者:作为一位大学校长,您是怎么看待学术腐败的?

李培根:学术腐败确实已经成为中国很多大学、尤其是一流大学非常关注的问题。我最近在学校也反复强调,对于学术腐败我们绝对不能宽容,学校都有相应的治理措施。

但我们要理性地看待这个问题,学术腐败有它的社会根源,它是社会快速发展时期出现的一个现象。当然,一有不好的苗头出来,我们就要有效地遏制它,否则就会影响中国大学的发展。我相信学术腐败的势头今后会得到相当程度的遏制。

南京大学校长陈骏:

建设世界一流大学的关键是学科建设

陆 琦 崔雪芹

陈骏简介:南京大学校长。1954 年 11 月生,江苏省扬州市人,中共党员。1985 年获矿床学博士学位,1992 年聘为南京大学教授,先后担任副校长、党委常委、常务副校长。2008 年 3 月当选第十一届全国人大常委,兼任国务院学位委员会委员、教育部第五届科技委员会委员。

2009 年 5 月 20 日,南京大学迎来了她 107 岁的生日。在一百余年的办学历程中,数代南大人艰苦奋斗,形成了"诚朴雄伟、励学敦行"的南大精神。现在,南京大学的办学事业已经掀开新的百年篇章,每一位南大人都心怀一个世纪梦想——将南京大学建成世界一流大学。

从学生到教授再到校长,作为一位地道的南大人,陈骏在多年的治学治校过程中,一直在思索一条科学的发展之路。"建设世界一流大学的关键是学科建设。"南京大学校长陈骏在接受记者专访时表示,"南京大学必须借鉴世界一流大学的学科建设经验,立足实际、科学定位、扬长避短、有所为有所不为,强化优势学科,发展交叉学科,加快学科优化升级,推进世界一流大学建设。"

"两步走"发展战略

在陈骏看来,世界一流大学的评价标准不一,但比较权威的标准有两点:一是数字指标,世界排名前 100 位的为世界一流大学,100～200 名为世界高水平大学;二是大学的实际贡献——为国家和社会培养了大批拔尖创新人才,产生了对人类进步起推动作用的研究成果,成为了国家和所在地区发展不可缺少的大学。

如今,建设世界一流大学已成为国家发展战略。南大如何在激烈的竞争中脱颖而出,冲击世界一流大学?陈骏指出:"必须客观理性地认清自身情况,制定出科学的可持续发展的战略。"

2009 年 3 月,南大正式出台了详细的"两步走"发展战略:第一步,从现在起到 2012 年,即建校 110 周年时,学校在人才培养、科学研究、技术创新、社会服务、国际交流等方面形成显著特色,文、理、工、医等多学科协调发展,学科整体实力达到世界知名高水平大学水平。

第二步,从 2012 年到 2022 年,即建校 120 周年时,大部分学科在国内居于领先,部分学科接近世界一流大学水平,若干学科方向达到世界一流,学校的人才培养质量、科技创新能力、师资队伍水平等若干关键指标基本达到世界一流大学的水平,为在本世纪中叶实现建成世界一流大学的奋斗目标奠定坚实基础。

三大任务

使部分学科率先实现世界一流,是南大建设世界一流大学的第一个任务。因为陈骏相信,大学根据各自的办学特色,围绕若干优势学科增强国际竞争力,完全有可能实现跨越式发展。

陈骏认为,世界一流学科的形成有 4 个主要标志:一是要有国际知名的教授,这些教授往往是公认学术权威或学术领导人,热门论文作者;二是要产生具有重大影响的研究成果,主要体现在 SCI 论文、SSCI 论文、国家科技三大奖、国际大奖、国家发明专利申请数和授权数、国际专利申请数和转化数、专著、传世精品等诸多方面;三是要有国际先进的研究基地;四是要有与国际接轨的评价机制,主要表现在与国际接轨的办学思路、强烈的国际竞争意识、学科评价的国际参照体系等方面。

南大建设世界一流大学的第二个任务,陈骏认为是要使大部分学科在国内领先。其参照标准主要包括 3 点:国家重点学科;国内排名前 5 的学科(教育部学位与研究生教育发展中心);进入美国科技信息所评选的 ESI 世界前 1% 的学科。2008 年南大有 7 个学科（化学、物理、材料科学、地球科学、工程学、临床医学、环境科学/生态科学）进入 ESI 世界前 1% 行例。

陈骏说："南大基础学科优势明显，文理综合，综合实力位居全国高校前列。近几年学科建设数量增长较快，已进入质量型发展阶段，学科面临优化升级，国家重点学科建设需要进一步加强，尤其在医科和工科方面显得最为紧迫。"

因此，南大建设世界一流大学的第三个任务是，要使文理工医四大学科协调发展。"相对文科和理科而言，工科和医科的建设任务十分艰巨。"陈骏认为加速发展工科和医科有四个理由：一是文理综合性大学共同的发展趋势；二是文理综合性大学拓展发展空间的需要，"没有工科和医科就没有活力，没有工科和医科就存在可能被边缘化的危险"；三是巩固在国内领先地位的需要；四是谋求长远发展战略的需要。陈骏说："学校只有通过文理工医协调发展，才能构筑南京大学新的百年辉煌。"

重视基础

为了实现南大建设世界一流大学这一目标，陈骏提出在学科优化升级过程中要坚持"五个重视"，即：重视基础，强化学科的优势和特色；重视交叉，扶持新兴和未来学科；重视应用，满足国家战略需求；重视人才，建立学科核心队伍；重视教学，实现学科建设与人才培养结合。

"基础学科是大学发展的基石，是应用学科开发的前提和后盾，是催生高科技成果的源泉。"陈骏认为，几乎所有一流大学都以建设强大的基础学科为核心。比如，斯坦福大学在建校之初就十分重视数学、物理、化学等基础学科的教学和研究工作。第二次世界大战结束后,经过努力,物理学科成就斐然,最突出的是布洛克因发现核磁共振现象而获得 1952 年的诺贝尔物理学奖。这是斯坦福建校半个世纪以后获得的第一个诺贝尔奖,也是该校步入名牌大学的一个标志。

陈骏认为:"要坚定不移地巩固和发展基础学科的优势。"他强调,在发展基础学科的过程中,要做到四点:第一,重视基础中的基础。发展基础学科要重视共同的基础学科,重视基础学科中的基础方向,重视高水平的基础研究并培育高质量的原创性成果。

第二,重视基础学科中的主流方向。主流方向往往代表学科发展方向,符合科学与社会发展的需要。

第三,重视建设优势方向。任何一个学科都不可能在所有学科方向上占优势,必须结合学校自身的历史文化和学术传统等特点,选择有优势、有特色的方向重点发展,并以此带动其他学科的发展,最佳状况是使学科的优势方向和主流方向相吻合。

第四,重视研究学科发展的未来方向。当年,卡耐基梅隆工商管理学院与大部分美国商学院注重商业活动管理不同,它更加重视生产活动的管理,注重定量方法在管理中的应用,把商业教育建立在社会科学和数学基础之上,结果发展起注重组织行为分析的新方向,形成了组织理论中著名的"卡耐基学派",并获得诺贝尔经济学奖(赫伯特·西蒙)。"看准了,先占领就会棋高一着儿,事半功倍。"陈骏说。

重视交叉

陈骏表示,重视交叉学科,是因为当今世界科学技术发展既高度分化又高度综合,学科建设也必须适应这一趋势。打破学科之间的界限,进行跨学科的交叉、渗透和调整,寻求在学科之间创建新的学科分支,正在成为学科发展的新动向。

纵观世界一流大学,陈骏发现它们在学科的交叉、融合方面往往具有组织制度上的保证,主要体现在三个方面:首先,重视学科交叉机构的设立,打破传统的单一纵向的校、院、系的体制格局,促进了院、系横向间的联系和合作。南加州大学 2006 年 5 月发布《美国南加州大学交叉学科研究发展规划建议》,提出设立交叉学科委员会、跨院联合聘任教授、完善评价体系、建立激励和经费保障机制、促进人才培养的系列举措。

其次,加强建设优势学科主导的学科群,将若干具有密切联系的学科组织起来,以便形成多学科群体优势。1998 年,斯坦福大学在诺贝尔物理学奖得主朱棣文教授的倡导下实施了"生物学交叉学科研究计划(Bio-X Program)",并为此专门建了一座大楼(The Clark Center)。该计划是基于生物学家、化学家、物理学家、计算机科学家、工程学家与医学家共同合作与相互交流的跨学科典范,涉及生物工程、生物医学和生物科学三大生物领域。

再次,兴建跨学科大楼,把不同学科的科学家和不同实验室联合起来。2008 年 3 月 4 日,斯坦福大学正式开放"杨致远山崎秋子环境和能源大楼",把生物学、地球科学、经济学、工程学以及法律和政策研究专家们会聚一堂,为人类面临的环保和能源危机寻找解决办法。哥伦比亚大学在 2010 年完成一座 14 层、包含 21 个实验室的多学科科学大楼。该大楼是哥伦比亚大学在近 20 年内兴建的第一座科学大楼,本着"合作共享"的原则,容纳化学、生物、物理等诸多基础学科和化学生物、生物物理、纳米科学等交叉学科,并把它们与工程联系起来,从而提高大楼与校园其他设施的合作、大楼内部楼层之间的合作、楼层内部实验室之间的合作、科研人员与学生之间的合作。

对南京大学而言,陈骏提出:"未来几年将依托强大的基础学科,大力发展新兴交叉学科。"南大"985工程"三期将围绕国家重大战略需求和重大科研目标组建一批交叉学科研究平台和基地,将提前规划和培育新兴学科,在理工医结合、多学科交叉方面不断进取,形成新的学科增长点和核心竞争力。尤其是仙林新校区的启用,不仅是办公条件的改善,更重要的是要使其成为学校学科调整和新兴交叉学科建立的契机。

重视应用

陈骏强调:"学科的发展一定要重视应用,要瞄准和满足国家的战略需求。"他援引斯坦福大学的成功案例,称在其成立最初的半个世纪中表现平平,而且多次遭遇财政危机,直到第二次世界大战后才抓住与政府全面合作的机遇,积极与工业界密切合作,迅速发展成为世界一流大学。

陈骏认为,加强应用和服务社会不仅是现代大学发展的一个重要趋势,更是大学学科建设的一股强大动力,学科发展要坚持以国家目标为导向,围绕大目标,争取大项目。

为了扶持工程和应用学科的发展,南大正在积极筹建电子科学与通信工程学院、工程与应用科学学院,以国家战略需求为导向,实现工科办学的跨越式发展。

陈骏介绍,电子科学与通信工程学院主要采用整合与调整的方式,把南京大学和中电集团十四所的力量综合起来,并引进人才来组建,瞄准电子科学与技术、通信工程等一级学科,瞄准国家重大专项来建设。

工程与应用科学学院主要采用引进人才和校内招聘的方法来组建,瞄准下一代工业技术和前沿技术,如材料科学和技术这样的一级学科。"通过这两个工科学院以及医学院的建设,我校将进一步提高学校服务社会的能力。"陈骏说。

重视人才

世界一流大学凭借汇集众多的诺贝尔奖获得者和高水平的师资,形成了师资队伍的高门槛、"远缘杂交"和良性流动。"世界一流学者及其率领的高水平师资队伍是世界一流学科形成的关键,学科建设水平归根到底取决于师资队伍水平。"陈骏提出,"要围绕学科发展建立学科核心队伍。"

陈骏认为,目前南大师资队伍建设存在着诸多不足之处,主要表现在四个方面:一是具有国际影响的高层次人才总量不足,尤其缺少领军人才;二是高层次人才在学科之间分布不均,尤其在"应高工"方面领军人才不多;三是优秀的青年学术带头人不多,尤其缺少拔尖人才;四是学科支撑队伍力量薄弱,尤其缺少高水平实验技术人才。

针对这些不足,陈骏指出学校要采取三项措施:一要积极倡导"大师+团队"组织模式,要拥有国际知名的领军人物、国内外有影响的学术骨干和充满活力的青年教师和研究人员,还要逐步实施逐级考核的 PI 制度。

二要培养和引进双管齐下。要实施好四项培养计划,即青年骨干教师培养计划、优秀中青年学科带头人培养计划、精英人才培养计划、青年管理骨干培养计划。队伍状况较好的院系,有合适的培养条件和对象,应以培养为主;相对较弱的院系,难以培养出高层次人才的,应以引进为主。

三是人才引进一定要"高门槛"。新兴研究型大学快速崛起的共同经验是,严把进人关,严格教授晋升标准。如香港科技大学成立于1991年,17年后进入世界高水平大学前200名行列,483位教师全部在国外取得博士学位(78.9%来自美国,65.5%来自世界一流大学)。

重视教学

学科优化升级一定要服务于教学,要实现学科建设与人才培养相融通。这是陈骏特别强调的。他认为人才培养是大学的根本,一个大学的声誉主要来源于它培养的学生的声誉,一个学科的优势和特色主要体现在它培养的学生的水平和能力。世界一流大学更应重视人才培养质量,为国家和社会源源不断地输送栋梁之才和领袖之才。

陈骏表示,学科建设与人才培养是一个互动的过程,只有把人才培养作为学科建设的落脚点和最终归宿,才能够实现学科建设的长期、稳步、健康发展;只有加快学科的优化升级,建设世界一流的学科,才能够培养出高质量的创新型领军人才;只有将学科建设与人才培养相结合,才能够真正地实践科学发展观,扎扎实实地推进世界一流大学建设。

科研与教学协调发展,是世界高等教育发展的难点、重点。陈骏表示,南大既要抓住机遇,又要迎接挑战。一方面,南大拥有一批既精通科研又深受学生欢迎的优秀教师,培养的学生在社会上具有很好的口碑,成为一个品牌;另一方面,尽管不断强化对教学的重视,并采取了一系列教改措施,南大在人才培养方面仍然存在着一些不足之处。南大匡亚明学院曾对 2006 级强化班数理方向和地质学基地班教学情况进行调查,结果显示,大部分同学认为现有的教学方式有较大的改进余地,而且提出了举办小组讨论研讨课、独立研究讲座、自学与研讨等改进方式。

因此,陈骏提出要认清科研、教学的一致性和学科建设与人才培养的互动性,要用科研提升教学、用教学支撑科研,要以学科建设促进人才培养,以人才培养树立学科声誉,用人才培养的成果推进世界一流大学的建设。

天津大学校长龚克：

从新时代"实事"出发
"求"大学育人之"是"

陈 彬 李 丹

龚克简介：天津大学校长。1955 年 6 月生,湖南省湘潭市人。1978 年 3 月就读于北京工业学院(现北京理工大学)。1986 年 12 月获奥地利格拉茨技术大学电工电子系通讯与电波传播专业博士学位。学成回国后,在清华大学电子系从事博士后研究。1999 年任清华大学副校长兼科技处处长,2004 年兼信息学院院长。

作为中国历史上第一所现代大学,天津大学已经走过了114年的历史,百余年的建校史也赋予了天大自身独特的文化底蕴和办学特色。在新的历史时期,面对高等教育新的发展形势,高校自身的改变不可避免。在采访中,针对新环境下高校发展的一些思路,天津大学校长龚克表达了自己的观点。

"实事求是"与"严谨治学"

记者: 天津大学已经拥有了一百一十多年的发展史,也形成了自身独有文化和气质,您认为这其中的核心文化是什么?

龚克: 我想应该是天津大学所秉承的"实事求是"的校训留给我们的宝贵精神财富。

校训应该是一所学校的灵魂。现在也有一些冠冕堂皇、字词华美的校训,但却总给人一种"赶时髦"的肤浅之感。天大的校训朴实无华、言简意赅,是上个世纪初赵天麟校长总结北洋办学20年之经验而提出的。作为中国现代高等教育的肇始之校,"实事求是"不仅概括了北洋大学当年从那个时代的"实事"出发艰苦探"求"中国现代大学办学育人之"是"的历史,而且自觉地揭示了这所学校永远地立足发展变化之"实事"而求索办学育人之"是"的历史使命。近百年来,我们学校的校训从未有过更动,我们的这种精神也从未改变,而且今后也不能变,不然的话,就会丢掉学校百年铸成的"魂"。

记者: 与"实事求是"相对应的是:天大的学生也大多给人一

种"踏实"的感觉,这是否也反映了您的教育理念?

龚克:踏实、扎实、务实,确实是天津大学的文化取向。"实事求是"首先要讲"实",从实际出发、做老实人、办老实事,可以说没有这个字,"实事求是"就没有意义。但是,"实"是起点,"是"才是目的。"是"就是真、善、美,是理想,是正确的方向。如何从实际的现"实"出发而达到理想之"是"的目的呢?就需要"求","求"即探索、创新。有人说我们的校训太"实",缺乏创新,这是不对的。没有创新,何以"求是"?完整地诠释实事求是,应该也必须包含创新精神。如果假托"实事求是"而墨守成规、安于现状,那就是守着"实"字不动,不去求"是"了,这完全是与"实事求是"的本意背道而驰的。

至于说到我的教育理念,我自己也在学习探索,但我想对于教育理念的探索和形成也应是践行"实事求是"的过程,即要立足世界发展、国家发展和学校发展之"实"探"求"天大办学育人之"是"。

记者:您认为"实事求是"的精神在天大的具体表现是什么?

龚克:一百一十多年来,一代又一代的师生秉承"实事求是"的校训教学求学,日积月累地蕴成了我校"严谨治学"的校风。正是因为这样的校训和校风,决定了在天津大学办学做事的文化取向。在天大,很多事情是不需要讨论的,大家自然而然地按照一种务实求真、严谨严格的方式去办事,我想这就是学校的文化使然。"实事求是"和严谨治学在天大已经脱离和超越了具体的规章制度,成为了一种文化力量,也成为了全校师生共同的内在文化追求。

就像有的学校强调宽松、强调包容一样,天津大学强调"严谨、严格",这已经成为整个学校的文化特色。这与清华大学"行胜于言"的校风和"严"字当头的学风既有异曲同工之处,也不完全一样。天大的教学方针是"严谨治学、严格教学要求",称为"双严",我称之为"严上加严"。"教不严,师之惰",严师可以出高徒,着眼点是"高徒"。所以,"严"不是为严而严,而是为"高"而严,因为追求高质量,所以必须高标准。天大之"严",并不是为了管死学生,而是为了使学校的教学、科研在各个方面都能达到高水平,这是学校百年实践求得的办学之"是"。

"综合性"是教育发展的历史必然

记者:在人们的普遍印象中,天津大学一直是一所以工科为主的综合性院校,但就在近些年,天大却提出了"综合性"的发展方向,作为有着一百一十多年工科发展传统的老牌名校,此时"改头换面",您是如何考虑的?

龚克:事实上,早在20世纪70年代末,天津大学就提出了"综合性"的思路。并于20世纪90年代初,由天大老校长吴咏诗明确地提出并深入地论述了"综合性、研究性、开放式"办学的方向和目标。

国内有这样一种说法,即纵观世界一流大学,大多数(虽然不是全部)都是综合性大学,如果要以世界一流大学作为自身的发展目标,就要办综合性大学。这样的观点无疑是基于实事的,但其着眼点是学校的"水平"。我认为,对于综合性的问题,还应该沿着李曙森、吴咏诗校长的思路更深入地给予"育人为本"的阐释。

古典的"大学"是着重于人的素质和修养的,所谓明德、新民、至善就是这样。但随着工业时代的到来和工业分工的发展,对于人才"专门化"的需求越来越强烈,以专业化为重要特征的现代高等教育就随着"现代化"(实际上是"工业化")发展起来。而当工业革命取代了农业生产,成为社会最主要的核心产业时,社会各个方面产业、部门都会在为工业化服务,而这种服务的日趋专业化必然会相应地导致整个学科体系的细分发展特征。我国高等教育在20世纪50年代的专业化发展尽管有些"过度",但有其深刻的历史必然性和必要性。

教育固然要适应社会发展,但更根本的是在于人的发展,因为社会毕竟是人的社会,社会发展终归要向着有利于人的自由全面发展的方向走。就"专业"而论,工业化曾经使之愈分愈细,但以信息化为代表的科技革命则改变了产业(行业)的面貌,强势地显现出学科集成交融发展的趋势和产业整合转型的趋势。于是教育也必然要转型,向着学科综合交叉的方向走,向着更加重视人的素质全面发展的方向走,才能适应社会向"后工业化"、向"生态文明"和可持续发展方向走的需要。

在目前的一些发达国家,服务业已经取代了工业成为现代社会的主要产业结构。因此,按照经济基础决定上层建筑的理论,以现代服务业为主的经济基础结构的确立,必将导致整个社会结构的改变。这样的发展趋势也就必然要求高等教育为了适应新的时代需求而要重新确定发展方向,有人奇怪美国等发达国家的学生为什么学习工程专业的愈来愈少,其实只要看一下这些国家的产业结构就明白了。我国也会走向这样的发展阶段。

过去一个时期,中国的高等教育出现了向学科综合性发展的巨大变化。尽管其中有许多可圈可点之处,甚至有难免的失误和不足,但我认为将过分专业化的办学结构向综合性转型的大方向是应该肯定的,它不仅是对于过去过度专业化的"反正",而且是历史发展的必然。那可以称作中国大学的一次重要的"求是"实践。当然对于许多批评的意见还要重视,特别是要避免盲目求全忽视特色的偏差,但无论如何也不能"复辟"到按行业办大学、按产品或"工位"办专业的结构。

记者:但目前工业化社会依然还在发展,仍然还需要专业化的工科教育,您对此是怎么看的?

龚克:的确是这样。当前世界整体上还是处于工业化时代,我国工业化尚未完成,这个阶段是不能超越的。中国高等教育现在恐怕还是要定位于"专才"。但是同时要认识到,科技革命已经发生并正在深入,中国的工业化必然要与信息化相结合,产业的转型已经在发达地区呈现出来并在迅速发展,全面协调可持续发展对于人才素质提出了新的要求。所以,我们必须要改革工程教育以适应时代要求,拓宽专业和发展新兴专业就是这种要求,实施素质教育就是这种需求。

以信息化为例,它是一种穿透各个部门的技术变革,它不是局限于传统意义上的一个工业部门如电子信息业的技术革新,而是冲破了原有的学科和行业界限,引发了如制造业、航空航天业、冶金化工业、建筑业、电力能源业、交通运输业、矿业等等各个传统工业部门乃至农业和军事领域的信息化变革,还催生了现代服务业。这种变革一定要反映到教育中来,引发传统专业教育的变革。

记者:近几年,天津大学十分重视对学生的艺术教育,是否也是出于这样的考虑?

龚克:冯·卡门曾有句名言:"科学家研究已有的世界,工程师创造未有的世界。"也就是说,世界的未来什么样,很大程度上取决于现在培养的"工程师"。因此,我们培养的工程师必须要有"真、善、美"的追求,要有历史责任感、社会责任感,要有和谐的人格、高尚的情操,这样的工程师才是合格的未来创造者。天大之所以重视艺术教育,正是基于这种教育理念,不是单纯地就技术讲技术,凭单纯技术观点不可能培养出合格的工程师,必须将科技素质和文化素质相结合,这也是多年来天大推行"综合培养",探索新时期工程师培养之"是"的实践。

记者:从北洋大学建校起,天津大学便是一所以工科为主的学校,如果现在去搞综合化,学校百十年的学科特色将怎样保留?

龚克:这是一个很重要的问题,即综合和特色的关系问题。我认为两者在某种意义上是"what"(什么)和"how"(怎么)的关系,综合性是方向,特色是道路。

比如天津大学要走出有天大特色的综合性发展道路。我的认识是,天大发展综合性并不是追求学科的齐全,而是着眼于学生的综合培养和全面发展,为此当然需要相应的学科结构为支撑。就学科发展而言,我们可能会采取围棋中"粘连布子"的办法,如同前些年从系统工程成功发展出管理学科那样。以系统科学为"根",从工程管理(工程系统)起步,发展到工商管理(经济系统)、公共管理(社会系统),形成了有特色、高水平的管理学科群。

基于此,我也在考虑是否可以把眼下的一些"散子"与天大的学科优势"粘接"起来。另外,我们也在思考"连片做活"的办法,不仅要破除一级学科下各个二级学科的壁垒,而且要采取一定的形式使相关的一级学科成"群"发展,以充分发挥学科的张力,更好地支撑教学改革和科技创新。归根结底,还是要从天大的历史和现实的"实事"出发,"求"有特色的综合性发展之"是"。

开放式和国际化:教育发展的必由之路

记者:在 21 世纪之初,天津大学曾制定了面向新世纪的总体发展目标,其中包括在 21 世纪中叶,将天大建设成为综合性、研究型、开放式、国际化的世界一流大学。这中间,"开放式"、"国际化"的提法十分引人注目。在一般人看来,这两者是有一定相似性的,您是如何看待这两者的关系的?

龚克:笼统地说,"开放式"中应有"国际化"之意。但开放式不能具体地突出体现"国际化"这个教育发展的时代特征。对此,天大老校长吴咏诗有专文论述。国际化是世界潮流。不管你愿不愿意,经济全球化导致国际间交流日趋密切的发展趋势是不可阻挡的,中国已经而且也必将更加成为世界市场的一部分。这就要求我们不能将目光禁锢在本国范围内,相信这也是国内大多数高校的共识。我认为对"开放式"需要更深入的考虑。

前不久,天津大学的化工专业在国际认证中获得很高评价。但我们的收获不仅是这种"好评",更重要的是观念的交流。当时,国外专家在经过系统的考察后,指出我们的考试"太容易"了。这样的评价对于中国高校来说是很少听到的。当解释原因时,他们表示,我们的考试内容都在教材、讲课内容和平时练习的范围之内,是一个封闭的教与学的系统,没有开放式的试题激励和考查学生自主学习、创造性应用知识的能力,没有为学生提供开放的自主发展空间。这些话对我的触动很大。经过深入的思考,我认为"开放式"教育的内涵应该包括知识结构的开放、学习模式的开放、教育思想的开放几个方面。

记者:但对于国内高校来说,要达到这样的要求,似乎也并不是件容易的事。

龚克:是的。如果要实施开放式的教学模式,不仅对老师的要求非常高,对学生的观念也是一个冲击。我们的考试需要有开放内容,需要引导学生去思索没有现成结论的问题,这首先就使得老师对答案很难作出细化的判定,我们不可能将学生的成绩如此细化,于是牵扯到学生能不能"服气"的问题,假如学习成绩再与奖学金等内容联系在一起,就会变得更加敏感。所以,实施开放式教学面临着"牵一发而动全身"的困境,必然需要对现有的教育体制进行系统性的改革。

记者:那么在您看来,要实现开放式教学,我们需要做哪些努力?

龚克:我们所讲的开放,都是靠人来实施的。所以必须要用开放的模式来建设师资队伍。以天津大学为例,搞工程教育的师资队伍大多缺乏工程实践经历和能力。如果要求学生加强工程实践能力,用这样的教师队伍去教授工程试验显然不切合实际。对此,我们首先要做的就是将教师送到战略性行业、企业中进行开放式培训。又如,我校新近引进了 1 名工程师,他在港口建设方面曾经做过很多实实在在的工程。现在在我校茅以升班执教的教师中,也有很多是在工业界打拼多年的工程师,他们的到来可以使学生直接吸取最现实的实践经验,打破原有的学术框架,开阔思维。

在我看来,开放式的关键是教师的观念要开放,要从一些多年形成的错误观念中解放出来,以实现一种深刻的教育变革。教育系统从封闭到开放,这是适应时代发展的必然,如何从我们的"实事"出发"求"得"开放式"办学育人之"是",是一个不能回避的时代课题。

大连大学校长潘成胜：

努力把大连大学建设成为
全国一流的教学研究型地方大学

崔雪芹　袁建胜

潘成胜简介：大连大学校长。1962 年 11 月生于江苏省无锡市，东北大学计算机应用专业毕业，博士。国家"863"信息网络专家组副组长，国家光、电子技术专家组成员，中国火力与指挥控制研究会常务理事，辽宁省计算机学会副理事长。国家"863"空间信息技术重点实验室主任，辽宁省通信网络与信息处理重点实验室主任，辽宁省计算机应用重点学科带头人。

大连大学的历史可以追溯到始建于 1949 年 4 月的原大连大学;1950 年 7 月大连大学建制撤销,当时的大连大学工学院独立为大连理工大学,大连大学医学院独立为大连医科大学,大连大学科学研究所独立为中国科学院大连化学物理研究所。1987 年 10 月,在原大连理工大学分校的基础上,合并了大连医学、师范等学校,组建了新的大连大学。大连市委、市政府对大连大学高度重视,时任大连市副市长的赵亚平教授出任新大连大学的首任校长、党委书记。

多年来,大连大学在先进大学文化的引领下,秉承"让每一个人都成功"的核心理念,倡导"崇尚学术、崇尚科学"的优良校风,坚持"面向未来,发展是硬道理"的科学发展观,坚持"以贡献求支持、求发展",实现了历史性的跨越,现已发展成为一所拥有哲、法、经济、教育、文、史、理、工、医、管理 10 大学科门类的综合性普通高等学校。学校现有 24 个学院,46 个本科专业,35 个硕士点。全日制在校学生 15000 余人,外国留学生、成人教育学院学生 5000 余人,设有附属中山医院、附属新华医院两所三级甲等直属附属医院。

大连大学始终把建设高素质的师资队伍放在首位,努力积聚丰厚的人才资本。学校现有教职工 3700 余人(含两所附属医院医护人员),具有博士学位的教师 356 人,其占专任教师比例数列辽宁省 80 余所高校中的前列。

专任教师中有长期在校工作的中国工程院院士 1 人,博士生导师 16 人,正高职人员 262 余人,副高职人员 819 人;有国家百千

万人才工程百人层次人选 2 人、国务院政府特殊津贴获得者 16
人;有全国优秀教师、教育部优秀青年教师资助计划入选者、教育
部"高校青年教师奖"获得者、辽宁省优秀专家、辽宁省高校教学
名师、辽宁省百千万人才工程百人层次人选等 20 余人。

　　大连大学坐落在美丽的海滨城市大连,是一所服务大连、面向
全国,拥有哲、法、经济、教育、文、史、理、工、医、管理 10 大学科门
类的多学科综合性普通高等学校,近年来,学校秉承"让每个人都
成功的"育人理念迅速发展。校长潘成胜全面介绍了大连大学的
情况和独特的办学理念。

依托地区经济实现跨越式发展

　　记者:在服务地方经济发展的过程中,与其他大学相比,大连
大学有哪些自身特色? 最突出的贡献是什么? 还有哪些需要提高
的地方?

　　潘成胜:作为一所综合性大学,大连大学拥有哲、法、经济、教
育、文、史、理、工、医、管理 10 大学科门类。在服务地方经济的过
程中,大连大学始终坚持自身特色——注重学科建设、文化建设和
人才队伍建设,立足大连,面向辽宁,服务全国,努力培养"会做
人、会学习、能做事"的应用型人才。

　　大连大学的发展,不仅满足着大连市对人才的需求,学校的科
技研究成果更在为地方经济建设服务发挥着越来越大的作用。高
素质的师资队伍建设,为学校积累了丰厚的人才资本——拥有
340 多名教授,近 400 名博士。在科学研究上也硕果累累——近 3
年,获国家科技进步奖二等奖 2 项,省部级一等奖 7 项;2008 年获
得 12 项国家"863"、"973"项目,23 项国家自然科学基金项目;所

获科研经费、高层次科研项目都在辽宁省83所高校中位于前列。

在促进地方经济发展方面,学校参加了哈大高速铁路、红沿河核电站、大连海底隧道、大连地区防震工程的论证与建设等项目。其中,由生物工程研究所董何彦教授带领的研究团队研发的心血管药物支架项目,去年产值达到1.4亿元。

学校在下一步发展过程中,还要重点强化优势和特色,更好地为地方经济建设和社会发展服务。

记者:大连大学将自身发展与大连的建设紧密结合,这是否意味着大连大学在发展方向、学科建设、人才培养等方面对自己有着特别的要求? 这对自身的发展是否会有所限制?

潘成胜:大连大学作为政府批准的大连市高校中唯一一所人才储备基地,有责任和义务为大连市建设成为北方科学发展示范城市提供人才保障和科技支撑。

学校紧紧抓住国家振兴东北老工业基地、建设大连东北亚国际航运中心的双重历史性机遇,依托辽宁省五点一线沿海发展战略,结合大连市的 Intel 微电子基地、软件与服务外包基地、现代装备制造基地、区域金融与物流中心、最佳旅游中心等建设的实际需求,力争管理创新和办学资源多元化,将学校办成综合优势明显、学科特色鲜明、在全国有一定影响的教学研究型综合性大学。

在学科建设方面,学校紧密联系社会发展需求,调整学科和专业机构,加大学科专业建设力度。世界 500 强企业龙头老大 Intel 公司已将其生产基地建在了大连大学附近,这是我国最大的单边外国投资项目。为此,大连大学及时申办了微电子技术专业方向,以期更好地服务于大连成为国际微电子技术基地的发展战略目标。同时,学校强化了通信工程专业方向,与微电子技术和计算机技术有机融合,积极开展通信技术人才的培养和科学研究,以期引领大连市产业结构的调整,在做好软件和微电子技术的基础上,向通信工程技术领域发展。

在人才培养方面,结合大连市地方经济发展特色。例如,大连是中国软件与服务外包发展的新领军城市,服务外包产业居全国第一、世界第四。2007 年,温家宝总理在大连考察时,提出大连应当力争世界第一,这就要求大连大学必须要做好计算机科学技术人才的培养,做好人才和科技的支撑。

学校对信息技术中的计算机技术科学学科人才培养体系作了大幅度修改,使得学生能具有更坚实的理论基础和较强的实践能力。采用“3 + 1”的教学模式:学生在前 3 年基本完成计算机科学技术理论课程,第 4 年被分派到服务外包企业经受实战锻炼。这样的教学模式,很受用人单位欢迎。学生经过实习锻炼,工作能力得到较大提升,很大一部分学生毕业后顺利签约实习所在单位。学生和家长亦对此予以充分肯定。这样,就把“办人民满意的大学”落在了实处。

结合大连市发展建设所提出的具体要求来发展学校,不仅不会对自身发展有所限制,相反,学校始终坚持“立足大连、服务辽宁、面向全国”的发展理念和“崇尚学术、崇尚科学的先进的大学文化”,发展规划明确,突出重点和特色,全面提升了办学实力和办学质量。

科研、教学工作相辅相成

记者:您提出,要建设现代大学,高校必须要完成从单纯的教学型大学向教学研究型大学的转变,您自己亦作为国家“863”专家组副组长承担着重要的科研工作。要发展教学研究型大学,科学研究的工作毫无疑问要继续加强。但是,如果精英人才用更多的精力从事科研,甚至全职进行科研,教学工作是否会被削弱？大连大学如何解决这个问题？

潘成胜：从单纯的教学型大学向教学研究型大学转变,是大连大学发展过程中的必然需求,而具有一支高水平、有能力的师资队伍,是其中的关键因素。近400名的博士队伍,为大连大学向教学研究型大学转变提供了人力保障。必须将这些优质的人才资源运用得当,最终将其转化为教学质量的提高和科研成果的产出。

首先,进行科学研究,能够不断丰富教师自身的学识水平。很难想象,没有进行过计算机网络科研的教师会讲授好计算机网络这门发展日新月异的课程。只有重视教师科研水平提高,才能站得高、看得远,从根本上提高教学质量,加强学生竞争力,使其更符合市场需求。因此,加强科研决不是削弱教学,反而会有力地促进教学。

其次,大学肩负着人才培养、科学研究和社会服务等三大功能。一般来说,地区的经济发展都是从土地密集型逐渐向劳动密集型、资本密集型、技术密集型和知识密集型过渡的过程。

大连市的发展水平较高,正处于资本密集型向技术密集型和知识密集型过渡的阶段。高校的科技研究应该同步跟进,甚至超前进行。大连市作为装备制造业基地,其船舶机械、港口机械、汽车零部件机械在全国享有盛名。大连大学的机械制造专业已经开始加强科研力度,力争为大连的现代装备业,尤其是船舶机械、港口机械、汽车零部件机械等先进产业的优化与创新提供越来越多的科技支撑。同时,为建设创新型大连、创新型辽宁、创新型国家贡献力量。

最后,科学研究也是搞好社会服务的重大需求。科研水平的高低,影响着社会建设者的培养质量,也影响着创新型国家建设的成功与否。而在科学研究中,大学起着不可替代的作用。学校专门派出调研组,前往上海大学、青岛大学、深圳大学等这些和大连大学性质类似的高校,借鉴学习它们为当地经济建设和社会发展作出贡献的先进经验。

记者:您曾经提出,学科建设和科学研究工作是学校快速发展、提高社会地位、服务地方经济的重要因素,必须进行长远的设计和规划。我们也注意到,其他大学通常只有外语学院,而大连大学却有英语和日语两个学院,这是否意味着在学科建设上有所重复?您在学科建设方面的特色理念是什么?

潘成胜:学科建设的特色理念主要有两点:一是"人无我有"。要结合地域特色,抓住社会发展契机。因临近日本,大连的日资企业颇多,迫切地需求日语人才,这就为日语人才的培养提供了良好的外界条件。大连大学把握了这个机遇,日语学院的全部教师都是从日本进修归国的。优良的外界环境和丰厚的高水平师资,为日语学院的创办奠定了基础。2003年,日语专业教研室从外语学院分离,成立了日语学院,并且调整专业方向,改革人才培养模式,努力培养应用型日语人才。而英语学院除了英语教学与科研工作外,还要承担起全校的公共英语课程。它们的工作各有侧重。

二是"交叉融合",培育优势特色学科。通过交叉融合,打造特色和优势学科。比如,充分利用医学、生物和化学等专业的优势,多学科整合,打造生物有机材料学科专业方向,心血管支架即是"交叉融合"的产物。建设"交叉融合"的优势特色学科,能更好地促进社会经济发展,也符合国家发展的需求。

学生就业是重要的民生工程

记者：就业是目前各高校面临的突出问题，我们也了解到，大连大学每 4 年就会为大连市培养人才万余名，而大连市人口只有 600 万，大连大学的毕业生在就业方面是否会因地域特色而有所局限？大连大学的解决方案是什么？

潘成胜：首先，从 3 个方面着手，保证学生质量和综合素质，避免学生因地域特色而有所局限。一是根据国家、辽宁省、大连市的发展需求，及时调整专业培养计划，使得培养出来的学生适合社会需求；二是加强师资队伍建设，使得培养出来的学生具备坚实的理论基础和出色的实践能力；三是塑造先进的大学精神，树立现代文化模式，开展文化建设活动，使得培养出来的学生拥有高尚的道德情操、社会责任感以及完整健全的人格。如此，学生才能适应整个社会的挑战。

学校采取了很多措施促进学生就业，既要提高学生就业竞争力，还要开辟途径促进就业。学校和大连市大型企业、各委办局以及各县区政府签订了多项合作协议和学生实践基地协议等，畅通学生就业渠道。例如，我们事先会统计大连开发区的学生人数，优先推荐他们到开发区企业中就业。

2009 年 4 月下旬，中共中央学习实践科学发展观活动巡视组来到我校。我在会上表达了这样的想法——大连大学为地方培养人才的成果显著。每 4 年，从学校走出去的大连籍子弟一万余名。如果这一万名子弟培养得好，找得到好工作，就有一万个家庭从此走上小康，两万个父母、四万个爷爷奶奶、姥姥姥爷的幸福指数就将大幅度提高。从这个角度来讲，安置大连大学毕业生就业，也是大连市最大的民生工程之一。

记者：在人才培养方面，大连大学提出"让每一个人都成功"的文化理念，在您看来，"成功"的标准是什么？大连大学是否做到了"让每个人都成功"？大连大学在这方面最有说服力的实例是什么？

潘成胜：大学的文化理念，是在先进的文化精神与文化模式的指导下，经过对本校各种重大实际问题的思考而形成的，它折射出一个大学对重大理论问题、实际问题的理解和认识，代表了这个大学的思想、追求和风格，这种文化理念承载的主体是大学生。

大连大学文化的核心是"让每一个人都成功"。这种境界就是理解每个人都有成才的欲望，每个人都有成功的可能，为每个人成功创造条件、铺设平台，人人努力奋斗争取成功的精神境界；就是理解集体成功是个人成功的前提，个人成功是集体成功的条件，因而每个人都在力求实现自己价值的同时也关心他人和集体的利益，把帮助他人和集体成功当做自己成功的道德境界。

"让每一个人都成功"是一种模式。这种模式就是培养健康的心理和积极的动机、情感、性格，进而建立尊重、关心、支持他人的文化模式；就是倡导把尊重、关心变为行动，领导帮助下属、教师帮助学生搭建多种平台、设计成功道路的工作模式。

"让每一个人都成功"是一种追求。这种追求就是树立不满足现状、不满足平庸，确定更高目标并为其实现而不断奋斗的思想追求；就是认识到奋斗中大思路、大动作的意义进而形成长远的考虑、创新的思维、整体设计的行为追求。

"让每一个人都成功"是一种标准。这种标准就是引导人们认识到人的一生具有健全的人格比追求功利更重要的以德为先的人格标准；就是理解每个人都有优点，每个人都有长处的客观实际,进而建立起一种鼓励个性发展和特长发挥,用多把尺子量人的多元化评价体系的价值标准。

最有说服力的就是那些在学校的文化理念中熏陶、锻炼、成长,最后顺利地融入社会并成为对社会有用的人才的许许多多的大连大学学子。

大连大学虽然是一所地方大学,但近年来的人才培养质量有了明显提高。在刚刚结束的 2009 年国际大学生数学建模竞赛以及交叉学科竞赛上,大连大学学生荣获国际大奖 6 项,获奖成绩位居辽宁省高校第二。近几年来,大连大学的学生在国内外大赛上屡屡争金夺银,这已不算什么新闻了。

近几年,我校本科毕业生就业率较高,专业符合度较高;学生考研率大幅度提高,考取清华大学、北京大学等重点院校的人数占考取人数的 70% 以上。2007 届、2008 届硕士毕业生一次就业率达到 92% 以上。

记者:高校都注意培养创新人才,培养创新人才最重要的方面是什么,或者做得比较成功的有哪些实例?

潘成胜:大学培养创新型人才,没有固定的模式。大连大学学生创新实践工作室的模式值得肯定。工作室将教学和培养学生实践以及创新能力有机结合,真正突出了"因材施教,教学相长"。近年来,我校学生工作室获得的多项国家级奖项,就是学生实践、创新能力提高的有效体现。学校建有国家大学生素质教育基地、国家级高校特色专业建设点等一批国家级基地,以及省微电子通信与 IT 产业人才培养、培训基地等多个省级基地。另外,培养学生综合素质的一个良好载体是大连大学博物馆,一层是社科类展示,二层是理工科的机械发明和科研成果展示,三层是医学展示,四层是音体美的乐器收藏和艺术品展示。十大学科门类几乎全部涉及,各个学科交融汇聚,全面提高学生综合素质。

最后,文化建设作为大连大学的精品项目,是学校文化的重要组成部分。大学发展到一定阶段,需要文化引领而达到更高层次。具体到创新人才的培养,文化涵养的提升也是创新型人才的关键因素之一。

大学校长要有高度责任感

记者: 在多年来的发展中,特别是 1995 年作为中国第一个用土地置换方式改变学校基本办学条件的高校,从市区整体搬迁进经济技术开发区,大连大学有哪些优良的传统值得继承和发扬?在新世纪的今天,这些优良传统又如何与时俱进?

潘成胜: 大连大学的校训是"文明、自强、求是、创新",其所表达的,既是我校在二十余年建设中形成的优良传统,也是学校今后将继承和发扬的先进文化。在新世纪发展的今天,大连大学将向着建设全国一流的教学研究型地方大学的办学目标加快发展,努力体现大学理想的品位和格调,始终保持强烈的发展意识、改革意识和创新意识,不断追求特色和实力,尽心竭力回报社会。在这个思想中,凝聚着大连大学先进的大学文化,表达着大连大学的办学思想、追求和意志,成为大连大学所遵循的思想路线和政治路线,成为每一名师生安身立命的历史使命。

记者: 一位合格的大学校长应该具备哪些素质?

潘成胜: 大学校长肩负着引领整个大学发展的责任。所以,首先必须清楚地了解国际国内形势,了解经济、科技、文化和社会发展状况,了解国内外高校的相关情况,更要清醒地认识所在学校的现状,以此来指导大学各项工作。如果一个校长对此没有较好的认识,就很难带领学校走上快速发展的道路。

其次,自由和包容。作为一位大学校长,尤其是综合型大学的校长,要提倡建立一种自由包容的学术氛围。所谓包容,不仅体现在要关爱学生,而且更体现在要对老师充满爱心。鼓励教授、博士,鼓励各类人才(包括学生)自由探讨学术问题。在学术上倡导百家争鸣,用包容的心态容纳不同的学科和学派。现在流行的中国大学评判标准,导致学校很难有百家争鸣的校园氛围,因而培养符合社会需要的创新型人才也存在着阻碍。我们要更多地关注创新型人才培养,关注科技成果转化为生产力,以此来推动社会进步。

第三,大学校长应该更具有高度的社会责任感。大学应是纯洁之地,校长一定要努力在校园内创造平等自由的环境和干净的风气。大学校长的高度责任感还体现在将学生放在第一位,一定要通过学校建设的完善,培养好学生。父母花费五六万人民币,辛辛苦苦供孩子读书,结果学生受了高等教育后依然找不着工作,办人民满意的教育就是一句空话! 大学校长就应该审视自己,检讨自己。

苏州大学校长朱秀林：

在固守和变革间保持张力

陆 琦 崔雪芹

朱秀林简介：苏州大学校长。1978年至1988年在浙江大学化工系高分子化工专业进行本科、硕士及博士阶段的学习。1987年获工学博士学位。1988年进入苏州大学化工系任教，1993年5月任苏州大学副校长，2006年6月担任苏州大学校长兼党委副书记。

1988 年,博士毕业的朱秀林阴差阳错地来到苏州大学,原本只是想过渡一下的他却义无反顾地留在了"天堂学府"。21 年后的今天,已经身为一校之长的朱秀林,更是对苏州大学百般热爱,仍在为他的理想而努力奋斗——"我理想中的苏州大学,是一所将知识、观念的传承和创新当做根本任务,在固守和变革之间保持必要的张力,既立于变革前沿而开风气之先,又在快速变化的时代中充当保存人类世代珍视的那些理想和价值的'诺亚方舟'。"

2010 年,苏州大学迎来 110 周年华诞。值此学校重要发展阶段,记者专访了苏州大学校长朱秀林。

"大学的基本功能是保存知识、
传播知识和创造知识"

记者:苏州大学主要前身之一的东吴大学在建校之初即确立了"注重学业,培养品格,树立优良学风,提倡服务精神"的办学宗旨。作为一所百年历史的地方重点大学,苏州大学如何继承办学传统? 这些优良传统又该如何与时俱进,激励学校的持续发展?

朱秀林:我校前身东吴大学在建校之初,就以"Unto a Full-grown Man"(培养完人)为校训,并确立了"注重学业,培养品格,树立优良学风,提倡服务精神"的办学宗旨,致力于培育身心、学养与品德皆臻健全的高层次专门人才,注重引进西方大学的教学标准,使学生受到良好的基础训练,形成较为合理的知识结构。学业、品格、服务精神并重,构成了东吴大学通识教育的基本内涵,在我国近代高等教育史上占有重要的地位。

作为一所具有 109 年历史的重点大学,苏州大学要继承东吴大学的衣钵,保持长青的活力,就必然要珍视优良办学传统,并在继承的基础上进行理念创新,找寻一条符合自身定位和时代使命的发展路径。近年来,学校提出了坚持以人才培养为根本,深入实施质量兴校、人才强校、创新活校、特色名校战略,"立足苏南,服务江苏,辐射全国,影响海外",努力将苏州大学建设成为国内一流、国际知名的高水平大学,成为区域内高质量创新人才培养、高水平科学技术研究、高层次决策咨询服务的重要基地。以上发展理念的精髓与东吴大学的办学传统是一脉相承的。

大学的基本功能是保存知识、传播知识和创造知识。21 世纪的大学,应当按照以学生为中心的新思路和新模式,重新组织教学、设置课程,提供更加宽松的学习环境,使学习者拥有更加灵活的受教育的选择权。

"质量是学校生命线"

记者:一百多年来,苏州大学以培养高层次、高素质人才为己任。在您看来,苏大人应该具备哪些基本素质? 学校是如何向这个培养目标努力的?

朱秀林:人才培养是高校的中心工作,"以人为本"和"注重人的全面发展"已经从口号逐步变成现实。苏州大学培养的学生应具有良好的科学人文素养,具备全球性视野与胸襟,富有创新精神、创新能力和强烈的社会责任感等基本素质;不仅要知识丰富、学有专攻,而且要具有较强的能力,包括自主学习的能力、适应社会的能力、处理问题的能力等。

根据以上要求,学校提出了"厚基础、强实践、重创新"的人才培养理念,注重 4 种教育即通识教育、专业教育、能力(经验)教育和精神教育,强调"独立之人格、自由之精神、社会之责任"三者的统一。学校将充分发挥学科门类齐全的优势,实现多学科交叉的宽口径培养;开展学科大类招生,打破学科专业界限;优化课程内容,实现课程的综合化、模块化;加强实践教学,增强学生的创新精神和创新能力。

伴随着高等教育大众化之后,我国高等教育呈现出多样化、国际化的发展趋势,如何适应新的发展形势,如何培养出高素质的、能为社会所用而且同学自己也比较满意的人才,有待进一步探讨。我认为,我们与世界一流大学的差距主要不是在办学规模上,而是在办学质量和水平上。我们必须要牢固确立"质量是学校生命线"的基本认识,在规模发展的同时,把提高质量放在更加突出的位置。特别是当前,在高等教育发展趋势从精英化向大众化、从局部向普及化的转变中,要将我校建成高水平大学,必须注重精英人才的培养。

记者:您认为在当前大众化教育背景下,高校该如何进行精英教育?

朱秀林:我认为应该包括以下几方面:首先要控制招生规模,招收比较优秀和突出的学生,保证人才培养质量;其次,要保证有效的教学教程设置、教学方法和手段;再次,要特别注重学生创新能力和实践能力的培养。学校将基于通识教育理念,在精英人才的个人品质、业务知识、团队精神、社会责任、表达能力和健壮体魄等全方位着手,通过开设特色班、强化班、基地班等,培养具有国际视野和全球化思维的高水平、研究型或领袖型人才,他们必将成为国家、社会的栋梁之才,成为我校将来的杰出校友,给学校带来无上的荣誉。

记者：研究生教育是高等教育的最高层次，反映了高等教育的综合实力和整体水平。您是否同意这样的观点？经过多年的发展，苏州大学已连续4年研究生报考人数位列江苏省研究生培养单位之首。您认为是什么吸引如此多的考生报考苏大？苏大现有的软硬件资源是否能够满足快速发展的研究生教育？

朱秀林：我基本同意这一观点。研究生教育是高等教育的最高层次，反映了区域高等教育的综合实力和整体水平，直接关系区域科技进步和学术思想的繁荣，对地方经济社会发展尤其是提高自主创新能力有着重要的支撑作用。经过多年的积淀与发展，江苏地方大学研究生教育正处在规模迅速扩张的一个时期。以苏州大学为例，连续4年研究生报考人数位列江苏省研究生培养单位之首，这是社会对我校研究生教育的认可和肯定。

我想，如此多的学生报考我校研究生，主要是因为：我校学科门类齐全，有一批学术水平较高、影响较广的学科和师资；同时，苏州大学地处江南，有着得天独厚的区位优势，为学生未来的发展提供了广阔的发展空间。我们曾经总结了学生报考苏大的八大理由，即，地理位置优越，城市环境宜人；百年办学历史，"211工程"重点建设高校；学科门类齐全，综合优势突出；大师领衔教育，师资队伍一流；校园风景如画，办学设施先进；学术交流频繁，国际氛围浓厚；校友爱校如家，社会捐赠丰厚；学生学而无忧，就业前景喜人。

研究生是学校的培养对象，同时也是研究力量。研究生这一年龄段，最活跃最易出原创性成果。学校历来重视研究生教育，不断加大软硬件资源投入力度，建立与研究生教育快速发展相适应的管理模式，加强研究生教育的过程管理，改革导师制度、招生考试制度，实行弹性学制，创新培养模式，注重研究生科研素质和创新能力的培养,努力提高研究生教育水平,提高研究生生活待遇,充分发挥研究生的作用。

记者:在您看来,当前地方重点高校在培养高层次创新人才方面存在哪些瓶颈?您有何建议?

朱秀林:地方综合性大学培养高层次创新人才存在内外部制约因素。外部制约因素主要包括:在高校持续扩招的背景下,生源质量特别是研究生的生源质量呈现下降趋势;受地方财政状况及高等教育人才培养"外部性"的影响,高校发展经费不足。内部制约因素主要有:由于各类学生人数增长速度很快,而师资成长需要较长周期,优秀师资稀缺,对人才的竞争日益激烈,师资队伍的稳定与发展面临较大压力,教育质量受到考验。

对于上述制约地方高校发展的外部因素,重构研究生教育体制,建立合理的政府宏观调控、社会积极参与、培养单位自主办学以及具有灵活性和开放性等特征的研究生教育运行机制势在必行。在省属重点大学试办研究生院,为研究生教育的发展提供制度性保障,包括探索改进高等教育经费拨款方式等政策,对于推进高等教育管理体制改革、探索研究生培养方式具有重要的创新价值。地方重点高校则要练好内功,借鉴国外研究生教育经验,加强研究生培养的各个环节,严把质量关,建立一支高质量的研究生队伍和导师队伍,形成一支以高质量的博士生、硕士生为生力军的创新力量,全面提高研究生教育质量。

"凝练学科方向、汇聚学科队伍、构筑学科基地"

记者:作为国家"211工程"重点建设的高校,办学中必然要着眼和强化高水平的科学研究。在科研领域,学校确立了"顶天立地"的发展战略,具体如何理解?

朱秀林:"顶天立地"发展战略,是指学校科研工作从面向"国际科学研究前沿"和"地方经济社会发展需要"两方面着眼:一方面,面向国际科技前沿和国家重大战略需求开展高水平基础研究;另一方面,面向区域经济社会发展的实际需要加强应用性研究与成果转化。我校的学科建设、科学研究、人才队伍都力图实现"顶天立地"的目标。

学科发展水平是一所高校在国内外地位的主要标志,学科发展战略对于高校的发展具有战略性和全局性的影响。一流的大学不可能在所有的学科均达到一流水平,但一流大学一定要有若干学科在教学、科研方面达到一流水准。因此,我们要凝练好学科方向、汇聚好学科队伍、构筑好学科基地,有所为、有所必为、有所不为;实施人才强校战略,积极探索以重点学科、创新平台、重点科研基地为依托,以学科带头人为核心,围绕重大项目和学科前沿研究凝聚学术队伍的人才培养模式,形成一批优秀创新团队;在科学研究方面努力创造具有国际先进水平的原创性科研成果,建立科学的科研评估体系,树立学术规范和标准,正确处理数量和质量的关系,基础研究要顶天,应用研究要立地。

记者:为了有效满足地方经济社会发展的人才科技需求,学校对学科专业布局和科研方向进行了哪些调整?

朱秀林:为了更好地服务区域经济社会的发展,学校密切关注地方产业发展需求,加强与地方企事业单位的合作,集中优势资源,调整学科布局与专业结构,努力为区域产业结构升级提供智力与科技支撑,使科学技术快速转化为生产力,使人文社科研究为社会创造精神财富。近年来,我校引进了以李述汤院士为代表的一批顶尖人才、领军人物,我校相关学科实现了跨越式发展。目前,功能纳米与软物质(材料)实验室、唐仲英血液学研究中心、现代丝绸国家工程实验室、现代光学及光电子学科团队,以及免疫学、放射医学、骨科等学科,已经成为学校重点发展且成果卓著的重要平台。

在专业建设方面,瞄准社会需求,结合学校优势,做好专业分析、论证、调整工作。学校要求,每个学院都要有一个强的产业应用背景,使学生学以致用、就业光明。当前学校专业可分为4种类型:"招生热、就业好"的专业,这类专业要继续加大建设,并做好师资队伍建设工作;"招生冷、就业好"的专业,要加强宣传并采取积极措施吸引学生;"招生不冷不热、就业马马虎虎"的专业,对于该类专业,要力争创出品牌与特色,提高竞争力;"招生冷、就业差"的专业,这类专业要改造、提高,甚至调整。另外,我们还要围绕国家、地方经济发展的需求,培育新的专业点。学校将适时组建纳米技术、辐射防护与环境工程以及新能源等相关专业。

记者:国际合作和交流是促进全世界高等教育的主要途径。在您看来,地方大学要如何妥善处理好国际战略与本土特色的关系? 如何成功走出有区域特色的国际化发展道路?

朱秀林:大学应具有世界精神和超国界的品格。大学之间的国际交流、学术活动、信息沟通已成为一流大学的基本特征。教育的国际化与教育的本土化是不矛盾的。不同地区、不同民族有着不同的文化传统,也就有着不同特征的教育。教育的国际化不排除各国教育的本土化。当今世界,文化越具有民族性,才越具有世界意义。教育也是一样。正是因为教育具有民族性,才有国际交流的必要,所谓"根深"才能"叶茂"。

国际合作和交流是促进全世界高等教育交融提高的主要途

径,地方大学在国际化进程中要妥善处理好以下 3 个方面的关系:吸收引进与坚持本土特色的关系;标准化与多样化的关系;输入与输出的关系。

作为地方大学,要成功走出有区域特色的国际化发展道路,必须积极参与国际交流与合作。为此,学校确立了"以国际知名推动国内一流"的国际化发展策略,以全球化视野和国际前沿为行动目标,妥善处理好国际战略与本土特色的关系、外向扩展与内涵建设的关系,逐步实现了以学校为主导、学院为主体、学者为主角、学生为中心的国际交流机制与格局,实现学术交流与管理交流水平的并重提升。

例如,当前重点筹办建设的"老挝苏州大学",作为我国第一所境外学校,是我校"走出去"战略的重要尝试。我校与香港凤凰卫视合作建立的凤凰传媒学院是我校首次与香港知名企业开展合作,依托双方的资源优势和品牌影响力,探索高等教育创新人才培养模式,培养具有国际水准的新闻传媒人才。

"以活性聚合的内涵管理大学"

记者:一流的大学必须有一流的管理者。为了实现苏州大学"国内一流、国际知名高水平大学"的创建目标,您给自己定了怎样的目标? 您认为当好大学管理者的关键是什么?

朱秀林:我希望能在任期内,为苏州大学的长远发展做些工作。现代大学必须建立现代制度,实行战略管理、质量管理、资源管理、民主管理,要制定一份科学的发展战略规划,为学校引进更多的高层次人才,为学校筹措更多的办学经费,力争学校工作在人才培养质量、学科建设水平、社会服务能力等各方面有所突破。

我想,好的大学管理者,第一,应该是一个杰出的学者,具有前瞻的学术视野;第二,应该是一个教育家,有独特的办学理念;第三,应该是一个政治家,具有大局意识;第四,应该是一个企业家,有经营者的头脑和卓越的领导才能;第五,应该是一个社会活动家,具有很强的社会活动能力;第六,要有健康的体魄。

作为学校管理者,在工作中应当明确定位、树立形象、强化责任、注重文化、团结协作。所谓"其身正,不令而行;其身不正,虽令不行",我们判断一件事是否该做及怎么做的价值标准应当坚持"三个有利于":是否有利于学校教学质量和学科水平的提高(学校的生命线);是否有利于教职工和学生的根本利益(学校工作的基础和服务的主体);是否有利于学校整体实力的增强和学校长远的利益(学校发展的根基)。希望我们所做的事情,能够在国家和地方高等教育的发展过程中,在苏州大学的发展历程中,留下比较浓重的一笔。

记者:目前我国大学校长大多是"学而优则仕",您也是一位学者型的大学校长,您是如何协调学术和管理两方面关系的?

朱秀林:我的专业是高分子化学,主要从事聚合的研究。所谓聚合,简单地说,就是按照一定的功能要求,把许多小分子一个个地手拉手连成一个大分子,使小分子团结起来,防止分离、防止不和谐。我将这种团结精神、和谐理念运用到学校的人才队伍建设、学科建设、文化建设和整个学校的管理中,使苏州大学始终充满活力。

特别值得一提的是,作为一位学者,从事大学的管理工作,一定不能让个人的专业局限影响学科的协调发展。我平时非常注重跟不同专业学科的教授交流,从他们的智慧中汲取营养,弥补本学科的不足,加强学科间交叉融合。这非常重要。

安徽大学校长黄德宽：

坚守理想　不随社会起舞

袁建胜　崔雪芹

黄德宽简介：安徽大学校长。博士、教授，国家重点学科学术带头人，博士生导师。兼任中国文字学会会长、教育部中文学科教学指导委员会副主任委员、教育部社会科学委员会语言学部委员、国家社会科学基金评审委员会委员、安徽省社联副主席等职。1997年入选国家百千万人才工程（一、二层次），2007年入选中国杰出社会科学家。先后获得国家优秀教学成果二等奖、省优秀教学成果一等奖、高校人文社科一等奖等奖励。

一所大学里有这样两名学生。

第一位是社会学系的研究生，他的毕业论文是关于乞丐生存状况调查的，为了拿到第一手的资料，他换上破旧的衣服，与城市"丐帮"生活在一起三个月，"无意"间将自己之前背诵过的调查问卷上的问题向他们一一求解，记录了几万字的《乞丐日记》。

另一位是艺术学院的本科生，他参加了国内某汽车制造企业的车标设计大赛，获得了一等奖，获得了200万元的奖金和一辆汽车。他上台领奖的衣服是跟同学借的，因为他是一位来自农村的贫困学生，平时在学习和勤工助学岗位工作之余，他还在宿舍楼里设立若干个废旧塑料瓶回收点，以贴补家用。领奖结束，他将衣服还给同学后，做的第一件事，就是将当天该收的塑料瓶收回来。

这所大学就是安徽大学。

在采访安徽大学校长黄德宽时，谈起这些学生，他总是笑容满面。他最得意的，就是安徽大学可以用自己的方式，帮助学生们做他们最喜欢做的事情，激发他们的最大潜力。

低调和务实中不乏创造、有较强的综合素质和独立思考的品格，这是他对安徽大学学生的评价。

他总是重复一个词：坚守。这位当了12年校长，一直拿着教授岗位的待遇，他上完课、做完自己的校长工作，总是喜欢和学生们打打篮球、和老师们一起"吹牛聊天"。他坚信自己首先是老师，其次才是校长。他说：经常跟老师们和学生们在一起，办大学才不会脱离教育规律，才不会忘记自己作为校长到底要坚守什么！

精神独立　学术自由

记者：算上 20 世纪初创办的安徽大学堂,安徽大学立校已历百余年,您觉得安徽大学最宝贵的精神传统是什么?

黄德宽：如果按现在通行的算法,安徽大学也有 100 多年的历史。晚清时,安徽大学的前身安徽大学堂,是和京师大学堂一起获准建立的。但我们把 1928 年作为学校的正式发端,这一年,安徽大学作为现代大学正式招收本科生,所以我们 2008 年举行的是80 周年庆典。

经过多年的发展,安徽大学形成了自己厚重、独特的精神传统,从学校成立之初到现在一以贯之,主要包括三个方面。

第一,关注社会,服务国家。成立之初,安徽大学就针对安徽当地农业传统设有农学院。80 年来,安徽大学一直认为自己应该为支撑安徽当地的经济、社会发展造就人才。

第二,精神独立,学术自由。这是安徽大学非常重要的精神财富,首任校长刘文典当面怒斥蒋介石的故事至今仍为高等教育界津津乐道,当时他就提出:大学不是衙门,应有独立的品格。

近年来,我们仍然强调大学要有自己的坚守。个性张扬、追求学术、崇尚正义一直是安徽大学文化里重要的组成部分。

第三是育人为本,逆势而上。大学从建立之日起就为人才培养而生,安徽大学近年来虽然强调科研工作,但人才培养仍然是首要任务。我也明确提出大学要以人为本,以学生为本,以本科教育为本,把本科教育放在一个非常突出的位置。

从成立之初,安大就经历坎坷,数次筹建才得以成功建校,建立初期校长频繁更迭、经费缺乏、校舍简陋。学校刚走上正轨又逢抗战,在西迁的道路上流散,胜利后国民政府才又重建国立安徽大学。新中国建立后又随着安徽省会的变迁两次迁移。虽然经历坎坷,但安徽大学在逆境中不断向上的精神激励着一代代老师和学生。

追求一流大学品质

记者:安徽大学提出建设国内一流、国际知名的高水平大学,在您看来,一流大学最明显的特征是什么?如何才能做到一流?

黄德宽:我在学校第六届教代会第三次会议所作的工作报告中提出,在建校 100 年时,安徽大学要基本实现建设国际知名、国内一流的高水平大学的目标。

那么,什么叫国内一流,什么又叫国际知名?

国内一流和国际知名都是模糊概念,很难精确地界定,在我看来,它们体现的是一种思想和理念。

所谓"国际知名",是强调现代大学要走国际化的道路,有国际视野,必须遵循国际高等教育发展的一般规律。现在我们的高等教育存在这样的问题——对一般性教育规律遵循不够。

我校是国家"211 工程"重点建设的大学,体现的是高等教育的国家队水平。安徽大学在建国后长期作为地方高校,经费来源少,地方化倾向严重。因此,我们的视野必须开阔,要研究国际高等教育的普遍规律,这样培养出来的学生才有国际化的眼界,才能承担起代表国家走向国际舞台的重任。

所谓"国内一流",我以为指的是一种品质类型。现在国内大学的数量很多,水平也参差不齐,所以办好中国的高等教育不能一刀切,要强调分层次办学。不同层次的大学都应该追求高品质,所谓"一流"就是大学在品质上所追求的高度。

一流的大学品质如何体现,有很多内涵和指标,但是,我们更应该看重大学的精神影响力,看重它的价值追求。

现在谈到一流大学,大家总是容易联想到各级评估评价、学术排名、量化指标。这些东西我们要客观对待,一方面不能被它们牵着鼻子走;另一方面也应该从中提炼出能衡量大学发展的核心指标和要素来促进学校的发展。

安徽大学要实现国内一流、国际知名的目标,必须以师资队伍建设为关键、以学科建设为抓手。2009 年国家"211 工程"三期建设全面启动,安徽大学得到了 5 亿元的总体投入,我们围绕师资队伍建设和学科建设,改革创新,构建平台,创造环境,通过对相关学科重组优化,希望使某些学科优先实现突破。

记者:安徽大学衡量高水平师资队伍的指标体系是什么?

黄德宽:安徽大学很少用量化指标来考量老师,前几年我还比较抵制这个东西。后来"因应大势"不得不为,但我们的量化指标是弹性的,比如教学科研打通计算,发表论文和承担科研项目虽然也规定数量,但不硬性规定年度考核指标,老师可以今年多发明年少发,正在进行重大项目研究的老师也可暂时不参与考核,等等。

由于对于量化指标"建设"的"不得力",学校近年来承受的社会压力比较大,项目数、经费数、获奖数等指标的相对较少,那些制造指标和看重数据的人就会说:你看,安徽大学的总体办学水平不高。

跟着这些量化指标走就是好大学,不跟就被边缘化,这违背了高等教育的一般规律,是宏观高等教育管理出了偏差。在这方面,学校管理者是很为难的,学校的发展不能超越现实环境和制度体系,既要适应环境,又要适应教育规律,这之间只有一条很窄的道路。

现在社会对大学的批评很多,大多集中于学风浮躁、弄虚作假、不关注学生等等,这些与高等教育管理制度设计带来的负面影响有直接关联。

人文教育与科学教育有机融合

记者:作为一位大学校长同时也是文学教授,您如何看待高等教育中人文教育与科学教育之间的关系?

黄德宽:一直以来,我国文科出身的大学校长确实比较少,这也与国家发展所处的历史时期有关。新中国成立后,我们要实现现代化,对技术性人才的大量需求,必然要求大学要在科学和技术教育方面有所偏重,20世纪50年代院系调整就是基于这样的理念。但是这样的理念,也导致了长期过于重视大学生科学教育的偏颇。

当下"创新"已经成为一个时髦的名词,但大家的注意力大都集中在技术创新上,知识创新比较少,制度创新、文化创新更少。我们要建立创新型国家,社会要健康、和谐的发展,人文社会科学在创新中的地位是不可忽视的。

在我看来,人文学科烛照人类未来发展方向,理工学科关注人类发展的方式。人文教育要让理工科学生在强调专业教育的同时,不忘记人类发展的终极目标;科学教育要让文科的学生具备科学精神。

人文教育和科学教育两者不可偏废,必须要协调发展,和谐发展。这不仅仅是人自身全面发展的需要,也是国家民族长远发展的需要。

记者：在您看来,如何将人文教育与科学教育有机融合? 在这方面,安徽大学有哪些可供借鉴的措施?

黄德宽：20世纪90年代,曾经是以理工科为主的一些高校也开始大量办文科,它们也感到人文教育和科学教育不能截然分开,应该互相融合,鼓励各科学生交叉、交融,让学生的成长更完善。但有一些理工科大学片面理解这样一种和谐,没有条件也要办文科,或者是只开一些公选课、人文素质课让同学选修了事。

大学的人文教育应该是引导理工科学生学会观察人、观察社会、观察历史、思考人类的未来,引导、培养学生具备这样的人文意识。

文科的学生则要有科学精神,尊重科学、尊重客观规律,不能过于强调主观意识,为所欲为。

在安徽大学,我们对学生的全面教育是有强制性的:理工科学生必须修满一定学分的文科课程,文科生必须修满相当学分的理工科课程,否则就不予毕业。各学科都要开一些课程来供学生们选择,当然,学生如果觉得自己有实力,也可以不选这些公选课,直接到某专业去跟读。

此外,安徽大学还通过大量的学术演讲和学生自发组织活动,来实现人文教育科学教育的融合。重要的是要在学校里营造这样一种氛围,让各学科的老师和学生自发地去交流。

大学不只为就业而生

记者：当下大学生就业面临着一些问题,有人认为是培养环节出了问题,导致大学生总体质量下降,您如何看待这个问题? 在您看来,大学应该培养什么样的人才?

黄德宽：我认为,就业问题不完全反映大学的教育水平。

目前大学生的就业形势不好,有社会需求的问题,有高等教育宏观布局和分层分类办学方面的问题,也跟高校办学者对学校的定位不准有关。

要解决大学生就业的问题,从高等教育的角度来看,首先要解决大学分层次办学的问题。不同层次、不同类型的大学,培养的人才也是不同层次、不同类型的,以适应不同层次、不同类型的就业市场。

我们的高等教育存在这样的问题:千校一面,没有特色。教育管理部门提出统一的模式,再用统一的指标去衡量,最后的结果当然是趋同。大学应该自主地办学,政府不要干预过多,让大学在自主发展中体现个性。

大学不是只为就业而存在的。

有人提出,要将就业率当做衡量大学办学水平的评估标准,某专业连续多长时间低于多少就业率就会被要求停办,从而鼓励大学什么专业就业率高就办什么专业,这种看法不符合教育规律。

职业技术学院有自身的特点,培养人才的目的也很明确——就业,对他们作这样的要求是有必要的,但大学不是职业学院。

以前季羡林先生学梵文,一个老师就培养他这一个学生,这样的专业就因为社会需求少就不办了?传承文明、创造知识同样是大学的任务。大学培养人才,有时候不是为了眼前就业,而是要着眼于国家、民族长远发展的需求。

在就业这个问题上,对于大学来说,社会是一个标杆,可以帮助我们调整自己的方向和办学思路,但大学不能完全随社会起舞。

育人:"三基并重,全面发展"

记者:安徽大学就自身定位来说,培养的学生有哪些特色和素质？

黄德宽：安徽大学人才培养还是定位于培养全面发展的高素质人才。

10多年前我们就提出了安徽大学人才培养的基本模式，经过不断丰富发展，现在已成为全校的共识，那就是安徽大学的学生培养要坚持"三基并重，全面发展"。所谓"三基"指的就是基本素质、基本知识和基本技能。

第一，安徽大学要求学生要有责任感，有济世情怀。

第二，安徽大学的学生要有好的综合素质。

第三，安徽大学的学生要有深厚的专业知识和专项技能。

近年来，用人单位给我们反馈的信息也是如此：安徽大学学生综合素质高，发展后劲足。

记者：安徽大学在学生管理方面有何独到的理念？

黄德宽：现在不少大学把学生作为管理对象，"管"，成了大学的首要任务，这是需要教育者认真反省的。我们能否对大学生不管或尽量少管呢？我以为一所好的大学要真正体现以学生为本，就要给学生足够的空间、时间和自由，倡导学生自律。

社会学系学生为做毕业论文去做乞丐的事就是个典型例子，给了学生足够的空间、时间和自由，再加以适当的引导，他们就会发挥出自己的潜能，做出让人惊喜、欣慰的成绩来。

还有那位获得巨额奖金的贫困生的故事，安徽大学像这两位同学一样有特色的学生不在少数，他们在用不同的经历，从不同的角度演绎同一种精神。

大学所做的，就是要把学生各自的特长和优点充分激发出来，让他们做自己的主人，做大学的主人，在法律、社会公德和校规校纪允许的范围内，想怎么做就怎么做，随意发挥自己的想象力。

办学理想不能随势俯仰

记者：您说过：办大学是要有点理想的。您所说的理想是什么？

黄德宽：我的学生和同事都觉得我是个理想主义者，我认为，没有理想就失去了目标，没有理想就失去了坚守。我心目中理想的大学，应该成为思想的高峰，科学的圣殿，人才的摇篮。

大学精神、思想的高度，也可以说是代表着一个国家的精神和思想高度，如果大学不出思想家，不能产生引导国家发展的思想，那这个国家是没有前途的。为什么大家怀念五四时期的北大？就是因为那时的北大确实站在了中国思想的最高峰。

大学是因科学而存在的。要维护科学精神，让大学成为科学的圣殿，就要保证大学独立的精神品格和自由探讨的氛围。崇尚学术、追求真理，是大学精神的核心价值。

大学是以人才培养来服务社会，实现它的职能的。现在很多老师忙着到外面去搞项目，做课题，"直接"服务社会，而把学生扔到一旁，这是舍弃了自身的基本职责。大学实现服务社会的职能，最根本最重要的渠道应该是人才培养。

要实现这个理想，大学就应该有自己的坚守，要尊重教育的一般规律。有些学校的管理者和老师，并不是很清楚这一点。

作为一位大学校长，现实中要坚守自己的理想确实很难。如果整天考虑有多少课题、经费、能获什么奖励，整天应付各种考核评估，还要四处奔走，求人办事，何谈坚持自己的理想？只能是随波逐流，随势俯仰。

记者：在您看来，一位好的大学校长应具备哪些素质？

黄德宽：做一位好的大学校长需要很高的综合素质，这既有共性方面的要求，也有个性方面的展现。具体说来，我以为首要的是责任感。如果没有责任感，把不恰当甚至错误的办学思想轻易施行，那么对社会对学生个人都可能造成难以弥补的损失。

其次要有学术情怀。只有尊重学术，才会体会学术的本意，才能帮助你坚韧不拔，不为他人左右。大学校长要尽可能坚持做学术研究工作，做学术也不是为了得到什么，而是不要忘了这份甘苦，不要失去了对学术的真爱。人是很容易变的，一旦养尊处优，则很容易堕落，如果一个大学校长把校长当作官员来做，那肯定是做不好的。

当然，大学校长也需要有很强的管理能力，良好的沟通协调能力，否则就无法管理学校、行使自己的基本职责。

中国计量学院校长林建忠：

高海拔起步　挟特色进步

陆　琦　崔雪芹　应向伟

林建忠简介：中国计量学院校长。1958 年生，福建省建阳县人。1991 年获北京大学流体力学专业博士学位，教授，博士生导师。兼任中国力学学会流体力学专业委员会副主任委员、全国质量监管重点产品检验方法标准化技术委员会副主任委员、浙江省科协常委等。浙江省特级专家，国家杰出青年基金获得者，入选"全国百千万人才工程"第一、二层次。获国家科学技术进步一等奖、浙江省科学技术一等奖等 10 余项。

在采访林建忠之前,记者只知道他是著名科学家周培源先生的弟子。来到中国计量学院,却听学校的老师讲,这位校长"十八般武艺,样样精通"——浙江省高校首届"校长杯"游泳比赛50岁以下组400米冠军、浙江省第二届大学生艺术展演活动高校校长书画摄影作品展书法一等奖……

平时林建忠要从事繁重的行政管理工作,晚上和节假日还要搞科研和指导研究生。作为中国计量学院的"大家长",林建忠最关注的始终是教师的发展和学生的培养。

谈起中国计量学院,林建忠的眼中流露出执著、坚定和希望,"为了尽快向教学研究型大学转变,在确保本科教学质量与水平的同时,必须加强学科建设、增强科研实力、积极发展研究生教育"。看得出来,对于学校未来的发展,他早已胸有成竹。

培养广义计量特色人才

记者:一般认为,计量学是关于测量的科学。随着科学技术的发展,在您看来,计量学的内涵与外延发生了哪些变化? 中国计量学院作为国内唯一一所以"计量"命名的大学,在培养高等计量人才,满足国家科技、经济、社会发展需求方面承担了哪些重要使命?

林建忠:在传统计量时期,社会经济活动较简单,计量主体是度量衡和时间度量,计量对象一般为物理量如几何量、力学、热学、电磁、光学和无线电等。随着近现代数学、原子物理和量子物理学的发展,现代计量的对象和范围不断拓展,从一般的物理量扩展到工程量、化学量和生物量等，甚至还包含了现代社会的商贸、医疗、贸易，出现了形态计量学、经济计量学、文献计量学、情报计量学、网络计量学。可见，计量学已经涉及自然科学、人文社会科学的各方面。

计量学从基础学科发展而来，现在已渗透到应用学科领域，无论从它的科学性、系统性还是辐射性看，都应当是高等教育的重要内容，而就其在工程领域的广泛应用而言，它也是高等工程教育的重要内容。要想使计量科学得到发展、计量水平得到提高，就需要一大批高等计量工程人才。

中国计量学院在 31 年的办学过程中，逐步确立了"计量立校、标准立人、质量立业"的办学理念，着力构建广义计量特色人才培养体系。这里的广义计量特色人才首先是指与计量、标准、质量领域相关的人才；其次是指具有"牢固质量观念、明确标准意识和较强计量能力"的高素质人才。

计量是国家战略以及国民经济与社会发展的基础，是科技创新的重要保障。我国现阶段的计量事业远不能满足社会需求，其中最关键的问题是缺乏高层次人才。"得标准者得天下"已成为世界经济竞争的法则，我国很多出口商品因不符合标准而被退货甚至销毁。目前我国企业仍普遍缺乏标准意识，标准化人才队伍奇缺。未来社会竞争的关键是质量竞争，我国已将质量放到反映国家综合实力的高度，而我国的质量教育及其质量人才培养水平却较为落后。由此可见，培养计量、标准、质量领域的人才非常必要。而作为我国质量监督检验检疫行业唯一的本科院校的中国计量学院，毫无疑问将责无旁贷地承担起培养国家质量振兴事业所需的高素质人才的使命。

演好"特色专业"与"专业特色"两出戏

记者：作为我国质量监督检验检疫行业唯一的本科院校，中国计量学院如何在计量、检测、标准、质量等方面办出特色？

林建忠：特色和教育教学质量决定了高校的地位。教育质量是长期积累的结果，一所办学时间不长的学校要想有立足之地，就必须坚持自己的办学特色。办学特色可以有很多不同的体现方式，而专业显然是体现特色的一个重要舞台。在这个舞台上，可以演"两出戏"，一是"特色专业"；二是"专业特色"。中国计量学院的专业设置以及专业建设就是围绕这"两出戏"来进行的。

建校伊始，学校围绕几何量、力学、热工、电磁、光学和无线电计量等6个领域进行专门化教育。然而，这种专门化的教育模式，很难适应新形势下本科人才的培养要求。1998年教育部调整本科专业目录，调整后的专业外延普遍扩大，系统性和边缘性明显增强。学校抓住这一机会，对原有的6个领域进行重组、整合和优化，将几何量、力学、热工和电磁计量整合成测控技术与仪器专业，无线电计量转变成电子信息工程，光学计量变成光信息科学与技术。随着社会经济发展及计量领域范围的扩展，学校已不囿于计量，而向标准、质量、检验检疫等领域拓展，在原有的测控技术与仪器等特色专业的基础上，增加了与广义计量相关的产品质量工程、食品质量与安全、标准化工程、知识产权、安全工程等特色专业。

除了特色专业外，学校还强化专业特色，对通用专业赋予广义计量的内涵，如工商管理专业侧重标准化、计量管理和质量管理；生物工程专业侧重生物制品的检疫检测；法学专业侧重质量、计量、标准、检验检疫的法规法律等。目前学校共43个专业，与特色相关的专业占44%,在校生人数占50%。此外,在所有专业的培养目标中提出了"具有质量技术监督管理知识、质量意识和标准意识"的要求。

学校重要的教学和研究平台也都具有鲜明的特色,如国家精品课程"传感器技术"、国家特色专业"测控技术与仪器"和"光信息科学与技术"、国家磁性材料及其制品质量监督检验中心、教育部工程研究中心"计量测试技术与仪器"、浙江省重中之重学科"仪器科学与技术"、浙江省人文社科重点研究基地"标准化与知识产权管理"、浙江省重点实验室"现代计量测试技术与仪器"和"生物计量及检验检疫技术"等。学校所承担的科研项目中有53%、所获科研成果奖中有73%都与特色领域直接相关。学校利用在计量、检测、标准、质量等方面的专业和学科优势,积极服务国家质检行业和浙江省经济发展。此外,学校还积极参与各类与计量、标准、质量相关的学术交流活动。

记者:近年来,中国计量学院的招生规模逐年增长,专业设置也从比较单一的计量学科向多学科发展,可以说学校已逐步从专门化院校转变为综合性大学。在此过程中,学校的办学理念以及人才培养特色是否发生变化? 学校又是如何在保持专业特色和建设综合大学之间达到平衡的?

林建忠:随着招生规模逐年增长,学校的专业设置从比较单一的计量学科向多学科发展,学校也已逐步从专门化院校转变为多学科大学。在此过程中,学校的办学理念以及人才培养特色发生了相应的变化,学校逐渐将专业领域迁移到办学理念,确立起"计量立校,标准立人,质量立业"的办学理念和"标准先进,计量精确,质量可靠"的管理目标,形成了"培养具有牢固质量观念、明确标准意识和较强计量能力的高素质人才"的人才培养特色。

所谓"计量立校",一是表明因计量而建校并依计量特色而立足;二是将计量的量化和精确特质运用于学校管理;三是通过对计量知识技能的学习和掌握,服务于社会。"标准立人",一是将"标准"所蕴涵的"原则"与"规范"应用于素质教育中;二是表明要实施人才培养中高标准的管理;三是培养标准化领域的高素质人才。"质量立业",一是强化为人做事的质量意识和从业守则;二是表明学校追求高质量的办学目标;三是培养质量工程领域的专门人才。

为了适应社会发展的需要,计量教育的综合性是必然趋势,但是,综合性只有与专业性相融合,才能使学校办出特色,办出水平。中国计量学院在这些年的办学过程中,通过加强"特色专业"和"专业特色"的建设,以此为指导思想制定培养计划、教学大纲乃至课程和教材建设,有效促进了综合性与专业性的融合,有助于培养社会所需的合格人才。

特色教育"成色十足"
专业行业有机融合

记者:大学教育的最终目的还是为社会培养和输送有用的人才。您认为中国计量学院培养的人才应该具备哪些基本素质? 学校又是如何将这样的培养目标贯穿于教学实践过程之中的?

林建忠:中国计量学院培养的人才应该具有自己的特色。首先应该具有牢固的质量观念、明确的标准意识和较强的计量能力,应该比一般院校的学生对计量、标准、质量方面的问题更敏感、理解更到位,对标准先进、计量精确、质量可靠有着更深刻的认识和更自觉的实践;其次应该是具备较强创新能力和实践能力的应用型人才;还应该是懂技术的管理人才和懂管理的技术人才。

为了达到特色人才培养的目的,在教学实践过程中,既要考虑教学体系的共性——科学性和系统性,又要考虑体现特色的个性,使得在保证共性和个性的基础上完成规定学分内"成色十足"的特色教育。为此,学校创新和优化教学体系,改革和创新教育教学方法,创建了一套从专业、课程、教材到实践的培养特色人才的完整教学体系。

在专业上,制定了专业建设规划,明确指导思想,优化专业布局,创建特色专业,形成专业特色。在课程上,构建了具有特色的"平台＋模块"的人才培养、课程结构、特色课程体系。在实践教学上,构建了由实验教学、专业实习、课外科技活动、课外社会活动、专业技能训练五位一体的强调特色的实践教学体系。在具体实施过程中,注重从教学内容、基地建设、项目选择等方面突出特色,如食品质量与安全专业选择20余家质检系统单位作为教学实习基地和合作单位,为学生尽早地直接参与质检业务实践创造条件。此外,学校还实施了本-硕创新计划,设置了创新学分,举办大学生科技文化节,资助学生课外科研课题立项,鼓励学生申请专利,鼓励学生参与教师科研和自由探索,组织"3·15质量日"、"世界计量日"、"世界标准化日"、"嘉量讲坛"、"启明论坛"、"翔宇论坛"等与办学特色相关的活动。

记者:中国计量学院学生目前整体的就业情况如何? 为帮助本校学生就业,学校采取了哪些措施? 如何实现专业与行业需要的对接?

林建忠:学生目前整体的就业情况令人满意,毕业生签约就业率和初次就业率多年来名列浙江省属普通非师范本科院校中的前五名。在《新中国高校毕业生薪资排行》中,学校毕业生的就业能力在非"211 工程"的"全国其他本科院校"中列第 16 位。

高校以专业教育为主线,而学生走上社会投入的是行业。专业依托的是科学性,强调的是系统性,行业则更多涉及实用性。两者之间若不能很好融合,将影响人才培养的成效。

由于学校在培养计划中充分体现了专业特色,专业与行业有机地融合,学生走上工作岗位后能较快地进入角色,为取得成就打下良好的基础,他们中的很多人成为我国计量、标准、质量行业的中坚力量。用人单位普遍认为,中国计量学院毕业的学生对计量、标准、质量方面的问题更敏感、理解更到位、工作上手也更快。

计量文化"一丝不苟"

记者:中国计量学院充满浓厚的"计量文化"特色,学校很多建筑、道路都是以计量术语命名,但文化的范畴可能并不仅仅体现在这些实体上。您对于"计量文化"是如何理解的? 在构建校园"计量文化"上有什么独到的见解? 大学文化建设作为当下国内大学校长关注的重要内容,您认为要如何去实施才能避免其停留于概念层面?

林建忠:大学文化提供着大学教育的精神养料,它是一种"无声教授"和"潜在课程"。中国计量学院除了建设具有共性的大学文化之外,还应该拥有独特的文化,这就是"计量、标准、质量"的文化,即在为人做事上"严谨计量、严格标准、追求质量"。学校的校训"精思国计、细量民生"就很好地概括出了这种文化的内涵和精髓,它体现了中国计量学院师生员工以精思细量为根本要求的严谨态度,表达了学校师生员工以关注国计民生为己任的崇高使命感和责任感。

以计量术语命名建筑物和道路,那只是计量文化可视化或者是物化的一个方面,是"形"的方面。而真正的计量文化具有更珍贵的潜在价值或者是"形而上"的方面。自然界中的一切事物都由一定的"量"组成且通过"量"体现,计量是对"量"的定性分析和定量确定的过程。使计量结果尽可能地接近被测"量"的真值,是计量的目标。用标准衡量、以检测为准、凭数据说话,是计量的特点。"一丝不苟"是计量文化最显著的特征。

计量文化的倡导不仅局限于中国计量学院,在当今社会也具有普遍的现实意义。近年来社会上的急功近利之风盛行,要克服科研上学风不正的弊端,纠正教学上敷衍应付的倾向,除了加强教师与学生的学术道德建设、营造良好的恪守学术道德和师德的氛围、建立行之有效的法律机制和学术管理体制之外,还要大力弘扬计量文化。

弘扬计量文化,一是要坚持尊重客观事实、客观现象、客观规律的唯物观,夯实对事实、现象、规律进行客观描述的素质基础;二是要加强标准、原则和规范意识,在教学、科研、学术等方面建立科学、合理的评价标准和体系,恪守律己向善的做人原则,遵循严谨求实的做事规范;三是要在教学、科研和管理等工作中,提倡精益求精的科学精神和工作态度。

总之,计量文化既在学校办学初期以"建设特色鲜明的多科性万人大学、培养适应国家质量振兴事业需要的高素质人才"为目标的办学实践中发挥了历史性、实质性的重要作用,也必将在新的历史时期以"创建国内知名教学研究型大学、培养适应国家质量振兴事业需要的高素质创新人才"为目标的办学实践中发挥指导性、持续性的重要作用。

扬州大学校长郭荣：

领跑合并高校的内涵建设

陆　琦　崔雪芹

郭荣简介：扬州大学校长。1954 年 2 月生，江苏省仪征市人，中共党员，博士，教授，博士生导师。第十一届全国人大代表。1998 年 5 月任扬州大学副校长，2002 年 1 月起任扬州大学校长。先后被国家教委、省教委授予"全国优秀教师"、"江苏省高校优秀青年骨干教师"和"江苏省优秀科技工作者"等称号，是江苏省有突出贡献的中青年专家、江苏省"青蓝工程"跨世纪学术带头人，曾荣获江苏省"红杉树"教育奖金奖。

从大学时代求学于此,到如今执掌校务,扬州大学校长郭荣将他 30 多年的人生行旅与扬州大学的发展重合到了一起。这 30 多年也正是扬州大学这所百年老校沐改革开放春风,聚合升华、勃发新机的 30 年。他见证、参与,继而领导了关乎学校当代发展命运的一系列精彩蝶变。

中国高教管理体制改革的大潮把扬州大学推到了当代中国高教事业发展的最前台。如今站在高等教育发展新的历史阶段,被誉为"高校改革的一面旗帜"的扬州大学如何顺时而变,乘势而上,不断提高办学水平,实现建设"国内有地位、国际有影响的教学研究型地方综合性大学"的目标? 日前,扬州大学校长郭荣畅谈他的思考和见解,在接受记者采访的一个多小时里,郭校长的对答几乎是一气呵成。

大学精神是一流大学的"软实力"

"大学精神是高校生命力、创造力、凝聚力的源泉,是大学的安身立命所在,也是建设一流大学的关键所在。"郭荣认为,要提升办学水平,增进核心竞争力,绝不能仅仅停留在物质资源集聚的层面上,而要更进一步地增强学校的学术氛围和大学精神这一"软实力"。

早在 20 世纪初,近代著名的实业家、教育家张謇先生在创办通州师范学校即扬州大学的源头时,便确立了"忠实不欺、坚苦自立"的校训,注重培养学生诚实坚韧的性格、吃苦耐劳的作风和独立自主的人格;20 世纪 90 年代,扬州大学实质性合并办学伊始,学校确立了"求是、求实、求新、求精"的校训,现已成为师生员工共同的精神追求;本世纪初,郭荣对扬大精神作了进一步的诠释和解读,提出了"学之以恒,行之以德"的校园精神新表述,冀望借此提升扬大精神的内涵。

郭荣说:"大学生要掌握现代化建设所需要的丰富知识和扎实本领,必须做到'学之以恒';大学生要具有高尚的思想品质和良好的道德修养,必须做到'行之以德'。"

郭荣认为,现代大学教育的主体是人,大学的根本任务是培养人、塑造人。在传授知识与技术的同时,大学要唤醒学生内在的精神力量,树立坚定的信念和信仰,培养一种与时俱进的人文精神,营造一种有利于个性与人格完善的氛围,在广泛的意义上塑造全面发展的人。从这个意义上讲,倡导师生"学之以恒,行之以德",既与学校百年传统的精神内涵一脉相承,更在继承的基础上进行了理念创新,有着鲜明的时代特征和深远的文化意蕴。

"建设高水平大学,需要大楼、大师,更需要大学精神,这三者缺一不可。"郭荣强调,"彰显大学精神,以其来熔铸师生的文化人格,倡导并践行治学尚严,持之以恒,修身立德,知行统一的良好风气,使其渗透于学校的生命之中,这既是学校的'软实力'所在,也是我一贯倡导的教育理念。"

人才培养要增强社会适应性

在郭荣看来,人才培养是大学的中心工作,培养质量是大学的生命线。

随着社会经济的发展,高等教育的质量已为社会广泛关注。

如何适应社会经济发展需求,确立科学的人才质量观,全面提高教学质量,是我国当前高校教育教学改革的主题。

郭荣认为:"针对本科生、研究生不同的培养层次,都有适应性的问题,只是侧重点不同。"本科生教育重点要体现宽口径、厚基础的特点,应强化实践教育,提高学生的学习能力、创新能力、实践能力、交流能力,以增强学生的社会适应能力;对硕士生,要求能够系统地掌握专业、学科的知识,具备一定的研究能力;对博士生,要求掌握特定学科专业知识,具备独立开展研究创新的能力。

郭荣告诉记者,当前,扬州大学正围绕提高本科生教育质量、增强学生社会适应性,开展人才培养方案修订工作。主要是合理调整公共课和基础课学时,重点增加实习实训环节,让学生有更多的时间到企事业单位一线实践锻炼;将学生的社会实践和教学实践紧密结合起来,在增强学生实践活动的同时,采用走出去与请进来相结合的方式,聘用政府部门、企事业单位实践经验丰富的管理专家或知名企业家,充实教师队伍,改善任课教师的队伍结构,通过外聘教师的讲课、讲座,以增强学生对社会的了解,提高学生的社会适应性。

对于研究生教育,扬州大学正大力实施省、校两级"研究生培养创新工程",积极构建研究生培养的大学科体系,重点建设研究生学术创新中心;加强培养环节管理,强化论文开题,严格学位论文答辩;鼓励研究生参加国内外学术会议、博士生出国开展研究或攻读双学位,让研究生了解学科发展前沿和科研动态,以拓宽研究生尤其是博士生的国际学术视野,增强研究生的科研创新能力。

与此同时,针对扬州大学长期以来存在的"优势专业不热门,热门专业无优势"的状况,郭荣提出了"以优势专业支撑学校,以热门专业发展学校"的思路,对人文、理学和农学等优势专业,举全校之力,加强科研条件建设,重点在学科建设、服务社会与研究生培养上强化优势,力争在省内乃至国内同类高校中占有重要地位;对社会科学、工学、医学等热门专业重点扶持,加大投入力度,使之在本科生培养上尽快形成自身的特色和优势;同时大力拓宽学校发展空间,积极构建适应社会需求的人才培养体系,以尽快形成优势专业更优、热门专业渐优的发展态势。"这既是为适应社会发展的需要,也是学校自身发展的需要。"郭荣说。

推进学科交融 提升整体水平

回顾扬州大学 10 多年的改革发展,郭荣感触颇深:"扬州大学的合并顺应了高等教育发展的时代潮流。正是合并办学,为学校的发展创造了一个更为广阔的平台。"展望扬州大学的未来发展,郭荣满怀信心:"合并高校要加快内涵发展,必须不断提高学科建设水平。学科水平上去了,其他影响和制约发展的矛盾才能迎刃而解。"

扬州大学组建后,学校拥有的学科涵盖哲学、经济学、法学等 11 大学科门类。在郭荣看来,学科门类齐全是扬州大学宝贵的资源优势,但各学科的发展基础、发展水平不平衡,这样校内学科间的沟通、交融、合作就显得尤为重要。因此,在综合性大学的框架基本构建后,学校及时将工作重心转移到加强内涵建设、提升学科水平上,并确立了通过学科群建设,来促进学科交融的学科发展思路。"我们希望将相关学科组建学科群,来推进学科交融,打破学科壁垒。"郭荣说。

郭荣介绍,扬州大学合并后,根据学科发展的需要调整院系布局,以体制改革促进学科融合。实行"校院两级建制、校院两级管理"的管理体制,减少了管理层次,为学科、专业建设创造了更为宽阔的发展空间。在重组学科布局结构的过程中,学校着力推进多学科组合,跨学科嫁接,如将分散在不同学院的环境科学和环境工程等相关专业合并组建为环境科学与工程学院,使理论学科与工程学科融为一体;将烹饪营养与食品工程专业有机组合,构建加工、营养、餐饮一条龙的"大食品"学科。郭荣表示:"学科、专业之间的交叉渗透,催生了新的学科增长点。"

学科体系的建立为学校未来发展搭建了较好的学科平台。"十一五"期间,扬州大学在江苏省委、省政府的重点支持下,参照"211 工程"三期建设的要求,按照"交融创新、集成优势,突出重点、引领发展"的思路,重点建设动物重大疫病的防控与公共卫生、作物分子育种与现代化生产、动物生产与畜产品安全、功能性绿色材料、重大水利工程建设与安全、人文传承与区域社会发展 6个学科群。

"在新一轮学科群建设中,我们更加注重学科发展与社会经济和科技发展需求的结合,更加突出学科的交融和优势的集成。"郭荣说,"我们希望通过对 6 个学科群的重点建设,在巩固和提升优势学科地位的同时,进一步推进学科的整体发展,从而打造学校学科创新体系,提升学校综合实力。"

发挥学科综合优势　扩大社会服务贡献

100 多年来,扬大人薪火相传,秉持"以服务求支持,以贡献求发展"的发展理念,发挥多学科综合优势,立足江苏,面向全国,坚持科技工作与区域经济社会发展联动,服务地方经济社会发展,取得了突出的成效。

多年来,扬州大学组织科技人员在机械制造、信息技术、资源环境等领域转化推广科技成果 600 多项,开展技术联合攻关 1700 多项,取得了显著的社会经济效益。心系"三农"、服务"三农",是扬州大学百年不衰的优良传统。学校依托学科力量,坚持以项目为纽带,以农业示范园区为载体,通过从规划、建设到生产、销售一条龙"套餐式"农业科技服务,积极推广农业科技成果。学校与地方政府有关部门合作,通过组织"千户结对创业"、"专家——农户结对扶持"等活动,众多农业专家长期深入农村一线,现场指导农户种植、养殖,帮助农户解决技术难题,带动周围农民共同致富。

郭荣表示:"在新的历史时期,扬州大学还将围绕江苏建设'教育强省'和'两个率先'战略目标,积极参与组建校企联盟,联合建设企业研究生工作站,搭建产学研合作平台,构建成果转化激励机制,组织科技力量,围绕区域社会经济发展中的关键问题特别是沿江、沿海开发战略,开展技术攻关和成果转化,努力提升学校科技服务能力,扩大社会服务贡献。"

坚持"分类指导、强化综合"的基本思路

经过 10 多年的快速发展,扬州大学站在了一个新的发展平台之上。郭荣认为,扬州大学文、理、工、农、医各学科开始步入协调发展的轨道,并逐渐形成学科建设、学位点建设、科学研究、师资队伍建设、人才培养工作相互影响、相互促进的良好发展局面,体现出了"1 + 1 > 2"的合并效应。

在新的历史发展时期,扬州大学既面临着社会需求不断上升的发展契机,也承受着竞争日益加剧的巨大压力。对此,郭荣表示:"需要进一步解放思想,拓宽发展思路、创新发展举措、抢抓发

展机遇,以推动学校的新发展。"

郭荣指出,"十五"以来,学校按照"分类指导、强化综合"的思路推进学科建设,促进学科交叉融合、集成创新,在学科建设、人才培养、师资队伍建设、科研工作、条件建设等方面取得了显著成绩。但是,在学科建设方面仍要继续努力,尤其在传统学科的振兴、优势特色学科的巩固、社会服务能力的提升等方面还有很多工作要做,要着力处理好人文科学和社会科学的关系、基础研究和应用研究的关系、传统和特色的关系。

郭荣说,今后,扬州大学将通过"分类指导、强化综合"来"发展工科、提升医科、振兴文理、强化农科",促进文、理、工、农、医各学科的协调发展,提升学校的办学水平和核心竞争力。这是扬州大学合并办学 10 多年来实践经验的总结和发展,是"十一五"乃至今后更长一段时期内指导学校事业发展的基本思路。

"发展工科、提升医科、振兴文理、强化农科",就是加强工科与社会需求的接轨,提升工科应用型人才培养质量和为地方经济服务的能力与水平;扩大文理科的传统优势,强化文理学科在综合性大学中的支撑作用;巩固、提升农科的强势地位,扩大农科为地方经济服务的覆盖面和贡献率,并以生命科学与技术学科的优势带动医学学科的发展壮大。

"扬州大学是合并办学的高校,各学院在合并前存在诸多差异,虽经合并办学 10 多年的磨合与发展,但差异仍然是存在的,这就不能要求它们在同一平台上发展,也不能采取相同的发展政策。"郭荣指出,"分类指导",就是充分考虑各学科的现有发展水平和比较优势,充分考虑各学科的发展潜力和发展空间,对学科发展的目标定位进行科学分类,并提出发展思路和发展措施,使各学科在不同的发展平台上快速发展、协调发展,从而促进学校办学水平的整体提升。

"强化综合"强调的是充分利用综合性大学宽广的学科环境，充分发挥各学科的优势与特色，通过交融、渗透、支撑、互补，使不同学科产生碰撞和共振，从而提升建设水平和速度，实现各学科的协调发展，推进学校事业的科学发展。

中国海洋大学校长吴德星：

立足谋海济国　培养硕学宏材

崔雪芹　袁建胜

吴德星简介：中国海洋大学校长。第十一届全国人大代表，国家重点基础研究发展规划（"973"计划）项目首席科学家。曾任国家"渤海碧海行动计划"技术组组长。长期从事大洋环流及动力学、近海环境质量预测机理与方法等方面的研究。曾获中国高校自然科学奖二等奖 1 项，天津市科技进步奖二等奖 1 项，其他科技成果奖多项。2008 年获韩国政府颁发的"大韩民国褒冠文化勋章"。

在美丽的海滨城市青岛,有一所以海洋和水产学科为特色,包括理学、工学、农学、医学、经济学、管理学、文学、法学、教育学、历史学等学科门类较为齐全的教育部直属重点综合性大学,这所大学就是中国海洋大学。它也是国家"211 工程"和"985 工程"重点建设高校之一。

近日,记者采访了该校校长吴德星,谈及海洋科学将在 21 世纪产生的重要影响,以及一所以海洋为特色的大学即将担负的历史任务。

秉承传统,承担新任务

记者:从始建于 1924 年私立青岛大学算起,中国海洋大学立校已历 85 年,在您看来,经过多年的发展,中国海洋大学最宝贵的精神传统是什么? 在新世纪的今天,学校该如何继续发扬自己优良的精神传统?

吴德星:中国海洋大学的前身——私立青岛大学成立于 1924 年。学校初创伊始,校纲就开宗明义地提出:本大学以教授高深学术、养成硕学宏材、适应国家需要为宗旨。

在 85 年的办学历程中,经过一代代海大人的努力和实践,学校积淀了深厚的历史文化底蕴,形成了"海纳百川,取则行远"的校训和以"海纳百川,兼容并包的博大胸怀;不畏艰险,探索不已的进取精神;追求卓越,敢为人先的雄浑气魄;严谨求实,取则行远的治学风范;崇尚学术,谋海济国的价值取向"为标志的特色鲜明的海大文化和宝贵的精神传统。

以此为基础,学校在全国率先举起高水平特色大学建设的旗帜,形成了"科学发展蓄势期远,谋海济国建设名校"的办学理念,确立了"重特色、求质量,先做强、再做大"的总体发展策略,和"强化发展特色,协调发展综合,以特色带动综合,以综合强化特色"的学科发展思路,成功探索走出了一条"特色立校,科学发展,文化传承,创新体系,树人立新,谋海济国"的办学道路,高水平特色大学建设取得了显著成就。我们十分珍视学校这些优良的办学理念和传统,将其作为大学文化建设的重要内容予以传承、丰富、创新和发展。

面向未来,学校坚持以科学发展观统领事业发展全局,在传承和弘扬海大文化和优良办学传统的基础上,坚持"以服务为宗旨,在贡献中发展"和"崇尚学术,谋海济国"的价值取向,努力推动由"要素驱动、以量为本"向"内涵驱动、质量为本,智源驱动、人才为本"的发展方式转变,推动学校事业又好又快发展,向着建设世界知名、特色显著的综合性、研究型高水平大学百年建校目标奋勇前进。

记者:21 世纪是海洋的世纪,在您看来,海洋科学在今后的科学研究和经济发展中占有什么样的地位? 目前我国海洋科学领域的研究水平在世界范围来看,处于什么样的地位? 哪一部分需要重点扶持和发展? 中国海洋大学作为我国海洋科学研究和教学的领军高校,对这些机遇和挑战作了哪些准备?

吴德星:海洋占地球表面积的 71%,这片广袤的海域蕴藏着丰富的资源,并对人类生存环境起着巨大的调节作用,是人类赖以生存和发展的基础。海洋科学是一门综合性很强的学科,自然界的很多现象仅在海洋中发生。海洋科学不但在地球系统科学的认识中占有极其重要的地位,在解决人类面临的环境、资源及维护国家安全等问题上同样发挥着重要作用。

同时,随着探索、认识和开发利用海洋的深化,也并将带动相关科学和技术的发展,海洋科学有可能成为带动科学和技术发展的引擎之一。胡锦涛总书记近期视察山东时作出了关于"大力发展海洋经济,科学开发海洋资源,培育海洋优势产业,打造山东半岛蓝色经济区"的重要指示,确定了海洋在经济发展中的战略地位。

目前,世界上沿海国家均把开发海洋定为基本国策,竞相制定海洋科技"开发规划"、"战略规划"等,把发展海洋科技摆在向海洋进军的首要位置来对待。由于历史的原因,我国海洋科学起步较晚,加之投入不足,与世界先进国家,特别是美国相比,在研究水平和科学开发利用上存在相当大的差距。我国海洋科学现处于已引起国家高度重视,但研究多处于跟踪阶段,创新海洋认识理论和引领世界海洋科学发展的基础和能力不强。

需重点扶持和发展的方面应围绕以下需求展开:海洋调节全球变化的作用研究,海洋观测能力,海洋权益维护和国家安全的保障,近海海洋灾害和生态与环境恶化的趋势预测能力,海洋生物资源可持续利用,海洋油气资源勘查开发及环境保障,深海与大洋战略性资源的勘探和开发等。

作为以海洋和水产学科为显著特色的教育部直属重点综合性大学、国家"211 工程"和"985 工程"重点建设的高校之一,中国海洋大学紧紧围绕国家海洋事业的发展需求,坚定不移地走一代代海大人探索出来的特色办学道路,在发展方式上转型为"内涵驱动、质量为本,智源驱动、人才为本";实施新时期新内涵的精英教育;坚持"突出自主创新、着力重点突破、支撑引领并重、协调持续发展"的科技工作方针,以提升人才培养质量、学术水平和服务国家海洋重大战略需求为目标,优化学科结构,大力推进科技创新和社会服务。当前重点推进的主要工作是:

(一)强力推进国家海洋创新体系建设。大力推进青岛海洋科学与技术国家实验室和中国海洋发展研究中心建设。青岛海洋科学与技术国家实验室是经过 8 年统一共识,由中国海洋大学牵头与青岛 5 家部委所属研究机构联合建设的国家海洋实验室。

青岛海洋科学与技术国家实验室旨在创新管理体制和运行机制,充分发挥青岛海洋科技优势,整合与优化配置资源,通过建设大型公共设施平台,汇聚国内外杰出人才,大幅度提高国家海洋科技创新能力,跻身国际海洋科技前沿,为保障国家安全,维护海洋权益,建设海洋强国,促进行业和地方经济持续发展等国家重大战略部署服务。中国海洋发展研究中心是国家海洋局和教育部共建、依托中国海洋大学,整合国家海洋局和中国海洋大学海洋发展研究力量,并以"中心"为载体,凝聚全国相关人才的智慧,面向国家政府对海洋事业的重大需求和关注的焦点问题,开展海洋重大问题的研究,为中央政府和有关部门提供决策咨询。

(二)进一步强化海洋和水产特色优势学科建设,到国际上争地位。以提升国际影响力为重点,强化海洋和水产学科的队伍和条件建设,辐射带动相关学科,努力建设世界先进水平的特色学科群。

以深海和大洋深层与海底为重点,科学规划战略主攻方向,拓展海洋科学研究的优势领域,进一步提升海洋科学的核心竞争力;在水产学科现有优势的基础上,促进与海洋优势学科的大跨度交叉,进一步壮大水产特色学科在国内外的竞争力和国际影响力。以海洋科学和水产科学为基础,逐步培育生命科学学科的优势。

（三）加强特色优势学科与工程技术类学科的交叉，推动工程技术类学科建设，提升社会服务能力。研究确定特色优势学科与工程技术类学科的交叉领域，通过建设研发平台，建立与相关大型企业长期科技合作的战略伙伴关系，促进特色优势学科与工程技术类学科的交叉，高起点推动工程技术类学科建设。

梳理各类技术并加以集成，形成海洋药物与海洋生物功能制品、海洋观测与信息技术、海洋油气资源开发技术与装备、海洋再生能源与海水资源开发利用技术、海洋防护技术、海洋功能材料等几个技术群，加大科技成果转化和技术服务力度；全面落实应对金融危机的科技支撑工作，服务国家海洋高新技术产业发展；推动科技兴海和"蓝色兴鲁"、"蓝色兴市"行动计划向纵深发展，并努力为山东半岛蓝色经济区建设作出大的贡献。

融合高校与企业的价值取向

记者：去年您曾经提过，自2005年以来，中国海洋大学年均授权发明专利约达百项，但由于国家技术转移体系不健全，这些专利无法尽快转换为生产力。在您看来，理想的国家技术转移体系应该具备哪些素质？在这方面，中国海洋大学有哪些卓有成效的探索？

吴德星：高校作为我国科技发展的一个重要方面军，在科技成果转化为生产力的过程中起着重要作用。而目前，我国高校科技成果的商品化、产业化程度相对较低，大量的科技成果难以转化为现实生产力，高校每年授权的数万项专利技术应用率不足25%，我国科技成果转化率为10%～15%，远远低于发达国家60%～80%的水平。

时任教育部部长的周济曾形象地说："如果说高校内部到处是金子有些夸张，但是要说高校内部到处是金矿则一点也不过分。"这些未转化的成果是花费了国家大量的人力、物力和财力形成的，如果不及时转化变成现实生产力就意味着巨大的浪费，与此同时，我国大批的中小企业还在到处盲目寻找项目。所以，研究一种有效的模式促进科技成果转化为现实生产力，是摆在全国高校面前的一个大课题。

目前的核心问题在于国家技术转移体系尚不健全，最突出的问题是大学和企业间存在价值取向上的差异，如大学以"崇尚学术"为其基本价值取向，而企业以"追求经济效益"为其基本价值取向。建设国家技术转移体系需要建立载体，使其能将大学与企业间在价值取向上起到双推融合作用。

为此，我们建议要以建设产学研战略联盟为载体，体现要素互补优势，优化技术转化为现实生产力过程中上中下游三阶段的利益配置，突出高校技术源头的作用和企业的规模化、市场化能力，真正形成以企业需求为导向、大学和科研院所为源头、技术转移服务为纽带、产学研相结合的新型技术转移体系。

学校近几年一直在探索将高新技术转化为现实生产力的体制和机制，初步成效主要体现在坚持"崇尚学术"的价值取向与"追求经济效益"的价值取向辩证统一，转化的中下游工作主要依托企业来实现技术高效转移。

如学校"十五"期间研发出的扇贝养殖新品种——"蓬莱红"，主要依托企业进行规模化和产业化的放大，2005～2007年在技术转移期间为企业新增利润11亿元；再如，铝代铜关键连接工艺及腐蚀防护技术，解决了熔点相差400℃的世界性难题，依托企业的技术转移在2004～2008年期间，为企业增加产值6.6亿元，节约的电解铜资源价值约 10.63 亿元;还有,去年为应对青岛浒苔灾害时,学校的专利转化出 9 个系列 27 种浒苔产品,极大提升了企业变害为宝的资源化利用能力,该企业也成为了今年青岛市应对浒苔处置的重点企业。

高原起巅峰

记者:中国海洋大学提出,到 2010 年,主要任务是建成高水平特色大学,并构建起研究型大学的框架;到 2025 年或更长一段时间,建设成为世界知名、特色显著的综合性、研究型高水平大学。也就是说,中国海洋大学最终目标是建设综合性、研究型的大学,在您看来,特色型和综合性二者的关系如何? 是否会有矛盾? 如何处理好二者的关系?

吴德星:特色与综合是一对相辅相成、互为促进的辩证关系。特色是以综合为基础的特色,综合是突出特色的综合。没有综合作基础的特色,其特色必不能持久。没有突出特色的综合,其综合易流于平庸。

中国海洋大学因海而兴,依海而强,学校发展经验表明,特色学科从特色发展为特色优势,在很大程度上依赖于数学、物理、化学和生物等基础学科的支持,同时,特色优势学科又促进和辐射带动了相关学科的发展。为此,学校提出了"强化发展特色,协调发展综合,以特色带动综合,以综合强化特色"的学科发展思路,很好地指导和推动了学科建设以及学校事业的整体发展。

进入新时期,在强调特色、突出重点的同时,我们深切地认识到,在学科发展既高度分化又高度综合的今天,特色的进一步提升和拓展,必须有综合学科的支撑及交叉融合。特色之"巅峰",必须建立在综合之"高原"上。平地起峰,高度有限。"登高而招见者远"。

为此,学校决定在基本完成高水平特色大学建设任务的基础上,在强化和拓展特色的同时,有重点、高起点地协调发展综合,全面提升综合竞争力,以更加坚实的步伐进入建设"世界知名、特色显著的综合性、研究型高水平大学"的战略新阶段。当前协调发展综合的工作重点是:

(一)进一步处理好特色与综合发展的辩证统一关系,加大对人文社科类学科的投入力度,显著提升学科综合实力。以优化和整合现有学科为基础,以有战略意义和相对优势学科建设为重点,加大资金投入,重在人才队伍和条件建设,构建人文社科类学科发展共享平台;充分发挥海洋发展研究院的作用,促进跨校、跨院系的研究力量整合,不断扩大海洋特色人文社会科学研究在国际上的影响;采取有力措施,在传统人文社会科学研究领域培植特色和增长点,尽快提升人文社会科学研究在国内的地位和影响;制定相关政策,激励学校研究机构与政府、企业、行业协会等开展多种形式的研究合作,发挥人文社会科学研究成果思想库、智囊库的作用,进一步提高人文社会科学研究服务社会的能力。

(二)研究制定相关政策,支持基础学科的建设和发展。基于基础学科的现状和实际,研究制定促进基础学科建设和发展的相关政策,促进基础学科提升水平;以学校各类人才工程汇聚和培育基础学科优秀人才,提高基础学科支撑全校人才培养的能力。

坚持精英教育

记者:在人才培养方面,中国海洋大学秉承什么理念? 在践行这些理念的过程中,中国海洋大学有何独具特色的做法? 在您看来,中国海洋大学的学生与其他大学的学生相比,有何突出的特点?

吴德星:大学的根本任务是为国家和社会培养优秀人才。多年来,学校坚持育人为本,不断实践"通识为体,专业为用"的本科教育理念,把培养德智体美全面发展,具有民族精神和社会责任感、具有国际视野和合作与竞争意识、具有科学精神和人文素养、具有创新思维和实践能力的高素质创新型人才,作为学校的根本任务,把造就国家海洋事业的领军人才和骨干力量作为学校的特殊使命。

当前,国家高等教育进入了大众化教育阶段,但研究型大学在创新型国家建设中扮演着重要角色,承担着重要任务。为国家培养高素质创新型人才,客观要求研究型大学应致力于实施新时期新内涵的"精英教育"。

这种教育从本质上有别于传统的精英教育或贵族教育,它强调的是汇聚最优质的教育资源用于人才培养,通过高水平的教师、学科专业、科技创新、支撑条件和科学管理,构建科研与教学相结合、产学研有效衔接的人才培养模式,让学生在学习和研究的全过程中得到高水平高质量的全面教育、能力培养和个性培养,使其真正具备成为国家栋梁和社会精英的潜质,为经济社会发展提供源源不断的人才队伍和人才储备。

基于这些思考,在以往有益探索和成功经验的基础上,学校将进一步发展和完善以"一条主线"(即以创新精神和实践能力培养为主线)、"两个课堂"(即课堂教学、社会实践与创新两个课堂)、"三种方式"(即面向全校学生的创新精神和创新能力培养,以各级各类人才培养基地为主体的高素质创新型人才培养,以融入国际教育为主体的国际化创新型人才培养）、"四个保障"（即以党建与思想政治工作、优秀的师资队伍建设、优质的支撑条件建设、科学管理和制度建设为保障）和"五条途径"（即以深厚的海大文化引领人才培养；以优势的特色学科推进人才培养；以创新的培养模式优化人才培养；以强势的科学研究带动人才培养；以开放的国际教育提升人才培养）为主要内容的创新人才培养体系，特别是在"四个保障"和"五条途径"上下功夫，努力提高人才培养质量，推动实施新时期新内涵的"精英教育"。

中国海洋大学学生的突出特点是基础厚、适应性强、潜力大，特别是在他们的身上，充分表现出校训的精神气质和海大特色文化标志的烙印。

应优先发展高等教育

记者：作为一位大学校长，您同时也是全国人大代表，在您看来，目前我国高等教育在宏观方面处于什么样的状态？有哪些突出问题需要解决？解决的突破口是什么？

吴德星：目前，我国高等教育在宏观方面处于大众化教育初级阶段，服务科教兴国战略和人才强国战略，推动人力资源强国和创新型国家建设，办好让人民满意的高等教育，是高等教育改革发展的基本目标取向。

需要解决的突出问题包括：一是亟待进一步落实优先发展教育的战略部署；二是进一步统筹优化高等教育的规模、结构、质量和效益；三是更加坚定不移地推进高等教育改革发展；四是着力提高高等教育质量；五是积极推进高等教育更好地为现代化建设服务。

解决的突破口是要把优先发展教育落到实处,要形成全社会共同关心支持高等教育优先发展的浓厚氛围,各级财政资金要优先保障高等教育投入,公共资源要优先满足高等教育和人力资源开发的需要。

记者:在您看来,一位好的大学校长,应该具备什么样的素质?

吴德星:国家对大学校长的基本要求是懂政治的教育家。

我认为一位好的大学校长首先必须做人正直,有较高的政治素养;二是必须具备战略思维,站得高看得远,观念要有前瞻性,有思想,能引领大学的发展;三是必须善于抓住机遇,并用好机遇;四是必须具备驾驭全局的能力,高效推动学校的发展;五是必须有汇聚和凝聚人才和高超的处理复杂问题的能力。

燕山大学校长刘宏民：

在负重奋进中实现全面提升

陆　琦　崔雪芹

刘宏民简介：燕山大学校长。教授、博士生导师，燕山大学机械工程国家级重点学科带头人，国内著名板形控制专家，首次提出了一种新的具有自主知识产权的应用于板带轧制过程仿真的一种新的数值计算方法——"条元法"，为提升我国板带轧机板形控制水平，实现核心技术国产化作出了重要贡献。科研成果曾获得2004年度国家科技进步二等奖，并被评为2004年度全国机械工业科学技术九大进展之首；2006年荣获"全国五一劳动奖章"。

中国第一台二十辊森吉米尔轧机、中国第一台 H 型轧钢机、中国第一根波纹腹板 H 型钢、中国第一台六辊冷轧板机、中国第一条双层金属卷焊管机组、中国第一套冷轧带钢厚度液压自动控制系统……这一系列的中国第一都是由燕山大学所创造。一所省属重点高校凭什么创造了奇迹？

作为燕山大学的校长，作为原东北重型机械学院（燕山大学的前身）的毕业生，刘宏民告诉了我们答案。

"第四次创业目标为
全面提升学校质量"

记者：燕山大学源于哈尔滨工业大学，后经东北重型机械学院，整体南迁秦皇岛市，直到 1997 年更名为燕山大学。出身名校，又历经多次变迁，燕大精神是否得以传承？作为校长，您如何诠释燕大精神？

刘宏民：可以说，燕山大学经历了三次创业。

第一次创业：1958 年，哈尔滨工业大学重型机械系及相关专业成建制搬迁到东北工业重镇齐齐哈尔市富拉尔基区，毗邻中国第一重型机器厂，组建了哈尔滨工业大学重型机械学院，专门培养我国急需的重型机械人才，1960 年开始独立办学，定名为东北重型机械学院。

东北重型机械学院是教育与生产实践相结合的产物。当时，我国第一所重型机械学院与中国第一重型机器厂仅一墙之隔，学院的教师以哈工大为主,干部由哈工大和第一重型机器厂共同选派,从而形成了校厂合作的特殊关系。教学密切结合生产实际,基础课采用课堂讲授,大部分专业课采用课堂教学与现场教学相结合的方法,承担教学任务的既有学校的专职教师,又有工厂的技术人员。学院师生在第一重型机器厂参加了大量的生产实习和科技开发项目。办学初期,就形成了一种以教学为主,教学、科研、生产相结合的特殊办学模式。这为形成燕山大学"学研产互动"的办学特色奠定了基础,并逐渐演变成为一种办学传统。

1978 年,东北重型机械学院被国务院确定为全国重点高校。

第二次创业:1985 年至 1997 年学校整体南迁秦皇岛市,1997 年 1 月经原国家教委批准,更名为燕山大学。同样是在荒地和农田上一砖一瓦地建立起来。

第三次创业:1998 年,学校由原机械工业部划到河北省,实行中央与地方共建,以河北省管理为主。学校扩招,贷款建立新校区。

这三次创业都经历了在荒地和农田上开辟新校区的从无到有的过程。随着这三次创业,"创业求实,负重奋进"的燕大精神日渐形成,"艰苦创业,严谨求实"的传统也得到了传承和保留。

目前,燕山大学占地面积 5000 余亩,建筑面积 100 万平方米。学校现设有 5 个博士后流动站,6 个博士学位授权一级学科,35 个博士学位授权二级学科专业;有 13 个硕士学位授权一级学科,80 个硕士学位授权二级学科专业,16 个工程硕士专业学位授予权领域和 MPA、MBA 专业学位授予权;有 60 个本科专业,已呈现出以工为主,以重型机械装备为优势和特色,文、理、经、管、法、教等多学科并举的学科格局。

学校的规模、办学格局基本上已经稳定下来,学科专业也较为完善。面对今后的"第四次"创业,我们将目标锁定为全面提升学校的质量和水平。

"有特色的高校忌盲目
扩张和面面俱到"

记者:当前,传统国家重点大学的概念正在逐渐淡化。地处高等教育环境一般的河北省,燕山大学以地方大学的身份发展,是否受到种种限制?

刘宏民:燕山大学于1985年在秦皇岛创建分校,至今历经24年。到秦皇岛办学后,学校获得了快速发展,规模不断扩大,综合实力不断增强,地位获得较大提升。学校建设发展取得的成绩,与河北省各级领导的关怀和大力支持是分不开的。

尽管如此,目前学校的发展仍承担着巨大的压力,面临着种种限制。由于从原中央部属院校划转地方,燕山大学成为原88所传统重点大学中没有进入"211工程"行列的4所院校之一,被网友称为"全国最受委屈的大学"之一。

没有"211工程"的名分,燕山大学的发展受到了一定的影响。首先表现为经费不足。教育部主管的院校目前是按学生的人数下拨经费,而作为地方大学的燕山大学,目前的经费预算仍按1998年的额度拨款,没有根据办学标准、学生人数的变化而变化,这样一来,人均经费就随办学规模的扩大而减少,逐渐拉大了与教育部主管大学之间的差距。

其次表现在科研方面。地方院校一般很难得到国家高端项目的科研信息,这对科研非常不利。在申请博士点、国家重点学科等学科建设的过程中都难以和全国重点大学获得相同的机会。

第三,在培养和吸引杰出人才的政策和实际操作中,教育部主管的大学和地方大学有很大差异,突出表现在"长江学者"的岗位设立等方面。目前燕山大学有4位"长江学者",而燕山大学要办成高水平大学,至少要有20位"长江学者"、20位"杰青"。

第四,在研究生招收方面,尤其是博士生招生名额受到限制。目前我们学校一个博士生导师基本上每年只招收一个博士生,有限的招生指标直接限制了科研水平。

最后是表现在学生就业方面。作为一所具有行业特色的老牌重点大学,学生就业原本不应该成为一个问题,可是由于非"211工程"大学,本科生要进驻上海这样的大城市,首先会遇到人才引进标准的限制。

记者:与国内同层次院校进行竞争,燕山大学有没有优势?在您看来,像燕山大学这样的地方大学应该采取什么思路来实现高水平大学的建设目标?

刘宏民:燕山大学的优势包括以下几个方面:第一,继承了哈工大的优良学风,即学风严谨求实;第二,燕大人都勇于吃苦,具有艰苦创业的良好传统;第三,学科特色突出、历史久远,比如轧钢和锻压专业是国内创办最早的,学校在重型机械和钢铁行业拥有较高的声望;第四,学校的地理位置优越、交通便利,有利于吸引人才。

作为地方大学,燕山大学建设高水平大学的总体思路是:"规模适度,学科结构合理,突出特色,全面提升。"作为一所具有行业背景的特色高校,不能盲目扩张、急于走向综合,规模要适度,要在扩张中保持自己的特色。不能盲目追求面面俱到,要逐步地从拥有单一学科、学院,发展为具有工科、理科、文学、法学、经济学和管理学等多科性的大学,并将人文教育和科学教育相结合。其中,突出特色是我们学校发展的关键。我们的目标是使3~5个学科进入全国先进行列,同时使全校60个本科专业、98个硕士点得到全面提升。

"以工为主,凸显特色"

记者:很多校长都提到,学科建设是学校发展的生命线。对此您是如何理解的?针对燕山大学的现状,您制定了怎样的学科建设发展思路?

刘宏民:学科是学校的细胞和生命线,是人才培养和学术活动最基本的单元和载体。学校的实力和水平也是通过学科体现出来的。在学科建设中,投入是基础,条件和制度是保障,人才和队伍建设是关键,还必须有创新的思想和思路。

燕山大学学科发展的整体思路是:以工为主,理工结合,文理渗透;规模适度,结构合理,高度相关;突出技术与工程特色,产学研相结合;理科的方向是理工结合,应用型或技术型理学;文科不求多,要求精求强。

学科建设坚持以工程、技术为主基调,目标是在5~8年时间内,学校二分之一的工科达到国际先进水平,另外二分之一的工科达到国内先进、国际知名的水平。文科和理科的建设目标是:达到国内高水平、国际知名的水平。

总的来说,科学、人文、工程、技术协调发展,培养具有科学精神、人文素养、技术创新和工程化能力强的高级专门人才。

记者:学科发展离不开人才队伍建设。目前高校人才竞争异常激烈,在引进高层次人才方面,燕山大学是否遇到过困难?有没有什么经验可以分享?

刘宏民：老实说，燕山大学在人才引进方面存在较大困难。原因在于，一方面，燕山大学的知名度有限，既非"985 工程"和"211工程"院校，也非教育部直属院校；另一方面，学校内部高水平的研究平台有限，引进"长江学者"等高水平人才的能力有限。

面对困难，我们进行了积极探索和多方努力。就以燕山大学"亚稳材料制备技术与科学"国家重点实验室为例，它是河北省唯一的国家重点实验室、全国地方大学少有的几个国家重点实验室之一，目前共引进了 4 名"长江学者"和 4 名"杰青"。总结这个实验室的成功经验，我认为，人才引进应该注意以下 4 个方面：第一，事业留人，要有高水平的科研平台；第二，待遇留人；第三，正气留人，要营造良好的校风；第四，服务留人，要为高水平人才做好服务工作，为其解决后顾之忧。

"为振兴河北省装备制造和
钢铁工业作贡献"

记者：1999 年，燕山大学在秦皇岛经济技术开发区建立燕山大学科技园。2003 年，燕山大学科技园被科技部、教育部批准为国家大学科技园，成为当时全国 34 家国家大学科技园之一。在产学研合作方面，燕山大学有哪些不同于其他高校的特色？在较长远的发展中，还有哪些方面需要进一步完善？

刘宏民：产学研结合、互动、共赢，是燕山大学的一大办学特色。经过 10 年的发展，燕大科技园园区现在占地 1000 亩，有孵化面积 15 万平方米，在孵企业 145 家；有装备制造、汽车零部件、电子信息技术、特种装备等六家研发机构；2006 年、2008 年，分别在秦皇岛市卢龙县和唐山市曹妃甸开发区建立了燕山大学科技园分园,从而将燕山大学和燕大科技园的科技、人才优势辐射到沿海经济发展带,以建设面向沿海经济区的科技创新体系,培育沿海高新技术产业集群。燕大科技园的主要产业方向为钢铁和重型机械、汽车零部件及先进制造、陶瓷及新材料、电子信息及软件和教育培训等。

燕大科技园是科研产业化为社会服务的重要载体,学校与科技园互为补充、共同发展。科技园有效地利用了学校的人才、科研成果及部分资金,实现了科学发展;学校也因科技园对当地经济有贡献而获得了地方政府更大的支持,并从科技园的资本运作收益中获得了部分回报。与此同时,燕山大学科技园也是全国首批大学生科技创业实习基地之一,有力地支持了教学实践和教师、学生的创业实践。

工程化和产业化并进是产学研合作的基本模式,而根据燕山大学科研成果的特征,目前学校的科研成果与工程化联系紧密,以工程化为主。学校科研进一步的发展方向是"大而高",即要大力争取政府的战略高技术项目,多做规模大、水平高、创新强的项目,这是燕山大学在下一步发展中的改进方向。

记者:据了解,河北省是钢铁大省,按照部署,河北省力争将装备制造业培育成继钢铁之后的第二大产业。燕山大学可以为河北省装备制造和钢铁工业的发展作出哪些贡献?

刘宏民:燕山大学在装备制造及成套技术的研究开发领域,一直是作为重大装备科研的国家队成员,在国家重大科技计划中,占有明显的地位。为河北省和秦皇岛市发展装备制造业贡献自己的力量,是燕山大学义不容辞的社会责任,也是燕山大学全体科技人员的光荣使命。我们为振兴河北省装备制造和钢铁工业作出应有贡献的思路如下:一、依托燕山大学建设河北省装备制造专业人才培养基地;二、依托燕山大学建设河北省装备制造技术研发基地;三、打造高水平科技创新和技术转移平台体系,为推动河北省装备制造和钢铁工业发展服务。

"做事不图奖励,但要努力"

记者:两年前,您曾被提名为"中国工程院2007年有效院士候选人";同时,燕山大学的学生评价您是"很务实、很有远见的校长"。多年来,您在科研与管理上最大的收获分别是什么?您是如何协调科研与管理两者的关系的?依您之见,应该如何当好一位学者型校长?

刘宏民:在我看来,做任何事情都不要为了获得奖励或是别人的夸奖,但是,一定要努力。

我是1977年恢复高考的第一批大学生,1988年博士毕业,20余年来一直致力于钢板轧制的形状控制和平整技术,发表了100余篇论文,完成了2部专著,曾获国家科技进步二等奖,获省级一等奖2次,二等奖3次。2003年9月担任燕山大学校长以来,经过方方面面的努力,基本上将学校推进到了一个新的阶段——完成了学校的规模扩大和水平的稳步提高,将学校推进到全面提升内涵的新阶段。

作为一位大学校长,我认为一定要把学校的管理和发展、提高放在首位;同时,作为一位学者,就要兼顾自己的学术,适度承担科学研究工作和研究生培养任务。因为个人的成就相对于学校的发展来说,只是很小的一部分。

兼顾科研与管理这两个方面,不是一件轻松的事,我主要从以下三个方面着手:第一,有明确的目标、思路和任务,明确自身的发展方向;第二,建立自己的工作团队和分层管理的机制;第三,分解任务,充分发挥每个人的管理、科研工作的积极性。

在我看来,保持学者的品格、学术的精神、学术的活力,坚守大学的精神和风范,不让大学庸俗化,认真研究校情,虚心学习管理经验,认真履行校长职责,这些都是一位学者型校长所必须具备的。

浙江工商大学校长胡建淼:

如何做好"改革校长
法治校长　体育校长"

袁建胜　崔雪芹

胡建淼简介:浙江工商大学校长。1957 年 11 月生于浙江省慈溪市。1995 年起,担任杭州大学副校长;1998 年起,担任浙江大学副校长;2007 年 10 月起,担任浙江工商大学校长。

1989 年 7 月,毕业于中国政法大学研究生院;1993 年起,享受国务院"政府特殊津贴";1995 年被中国法学会授予全国十大"杰出青年法学家"称号(首届);1997 年入选"全国百千万人才工程"第一层人选。

2007 年 10 月,时任浙江大学副校长的胡建淼教授受浙江省委和省政府的委派,赴浙江工商大学担任校长。一直听说胡建淼是一位很有"个性"的校长,这"个性"表现在,他是"三位一体"的校长:大学校长、法学专家、知名律师。

说他是"大学校长",是因为:1995 年至 1998 年,他是原杭州大学的副校长;1998 年至 2007 年,他是四校(浙江大学、杭州大学、浙江农业大学和浙江医科大学)合并后的浙江大学的副校长;从 2007 年 10 月起,他担任了浙江工商大学校长。

说他是"法学专家",是在于:他是法学教授、博士生导师,国家重点学科宪法与行政法学的学科带头人;他著书立说,在全国行政法学领域具有很高的知名度;1995 年,他被中国法学会评为中国首届十大"杰出青年法学家"……

说他是"知名律师",是鉴于:他作为中国国际经济贸易仲裁委员会仲裁员,浙江省人民政府的法律顾问,浙江泽大律师事务所和浙江泽厚律师事务所名誉主任,承办了大量案件,其中包括 1989 年"全国首例农民告县长案"和 1994 年"3·31"千岛湖案件。

我们与他短短两个小时的交谈中,深深地感受到他的职业背景与知识背景。

但他对"三位一体"更喜欢作另外一种理解。他说:我来浙江工商大学想做好三个校长:改革校长、法治校长、体育校长。

胡建淼到任浙江工商大学的第二周起,对全校作全方位的调研,召开了近 50 个座谈会。经过近一年的调研与思考,他与班子其他成员一起慢慢形成了一个发展目标与一个发展方针。一个

"目标"就是:争取经过 5 ~ 10 年的努力,使浙江工商大学进入全国"百强"的行列。所谓"百强"就是要达到"211 工程"高校的建设水平。一个发展"方针"也称"八字方针",就是"加速发展,创新强校"。

当我们问到为什么提这"八字方针"时,胡建淼校长解释说:"现代高校百舸争流,不进则退,不快进也是退,所以我们应当超常规地发展。"至于"创新强校",他说:我们要通过创新观念、创新方法、创新制度来做强我们的大学。做强意味着:现代大学的建设,重点不在于规模,而在于内涵。

推进学校深层次变革

记者:您在浙江工商大学改革的核心理念是什么?

胡建淼:我校改革的理念就是"让大学真正成为大学"。一所真正的大学,必须拥有真正的大学精神。这种精神可以用六个字来概括:科学、学术、自由。

"科学"。大学是一个探索科学、传授科学并以科学知识服务社会的场所。科学的本质是求真。大学是实事求是地寻找包括自然规律、社会发展规律在内的一切客观规律的场所,因此大学应该有自己独立的品格。为此,大学的一切设计,都必须符合科学规律。

"学术"。大学是个学术机构,而不是行政机构。大学的业务就是学术工作,所以大学的工作必须淡化"行政性",突出"学术性"。

"自由"。大学是一个探索真理的自由空间。没有学术自由,就无法求真。当然,学术无禁区,但讲课还是有纪律的。

这一大学精神结合中国社会主义的大学要求,就应当坚持"党委领导,校长负责,专家治校,民主管理"。

记者:那么,为实现真正的大学精神,您采取了哪些措施?

胡建淼:为实现大学的"科学、学术、自由",我校进行了一系列的改革,其中两个最直接的做法是建立真正的"学科带头人"制度和告别"刷卡机"。

我校于 2008 年 12 月 18 日制定公布了《浙江工商大学学科带头人管理办法》,开始实施学科带头人制度。我之所以说是"真正的"学科带头人制度,是因为我们以前的学科带头人只是一种称呼而已,而现在是集责权利于一身的岗位。它以学科点为基础,无学科点就不得设学科带头人;学科带头人既享受津贴,更负有学科点建设的责任;学科带头人实行严格的评审制和任期制;学科带头人是校院级学术委员会的优先考虑成员,又可参加校中层干部会议,以便更多地参与学校的各方面管理。

浙江工商大学校本部于 2006 年初从城里搬至 20 多公里外的下沙高教园区。学校为保证教职员工准时到新校区上班及计算新校区补贴的需要,购买了 4 台刷卡机实施了刷卡制度。这一刷卡制度在刚刚搬入新校区工作的几年里起了很好的作用。但时隔几年后,大家已习惯于在新校区上班,更主要的是,刷卡制度与现代大学的氛围很不相称。2009 年 1 月,我们将四台刷卡机收进了历史陈列室。

记者:您在形成改革理念时曾提出"三大转变"与"三个解放"。您能介绍一下这是什么内容吗?

胡建淼:是的,我提过。浙江工商大学从 1911 年的杭州中等商业学堂发展到今天的大学,经历了"三大转变":从一所中等学堂转变为一所大学;从一所单科性学校转变为一所多科性乃至综合性大学;从一所教学型大学转变为一所教学研究型大学。这三大转变从形式上看已经完成了,但要进入到实质性程度还需要做许多事情。可能一所大学还带有中专的管理痕迹,一所综合性大学还不自觉地受制于单科性思维的约束,一所教学研究型的大学还不够大幅度地提升科研成分。所以我们的一个任务是:使上述三大转变从形式上的转变过渡到实质上的转变。

至于"三个解放",是基于我在调研中所了解的一些情况:一是因师生比等原因,我校教师的授课任务很重,教师没有充裕的时间搞科研;二是大多教师家住城里,到 20 多公里外的新校区上班,每天在路上消耗近 3 个小时,老师没有精力搞科研;三是各部门各条线对各学院各方面工作的事中和事后的考核,使大家忙于应付表格。为此,我提出要将我校教师从繁重的课时中解放出来,从路途疲劳中解放出来,从多部门考核的表格中解放出来。解决办法是:针对第一个问题,学校决定从 2008 年起引进高层次的师资 200 人,目前已引进 150 人;针对第二个问题,学校决定在新校区为教师们提供廉租房;针对第三个问题,学校实施了考核制度的改革,将原来的"多头考核"改为"归并考核",即将原来的各条线的考核内容合并于对学院的综合考核之中。

记者:浙江工商大学推行了一系列的改革制度。您认为最核心的内容是什么?

胡建淼:在校党政班子的努力下,经过近一年的酝酿,最终于 2008 年底推出了十个改革性文件。这些文件于 2009 年 1 月 1 日起施行。

在这些改革制度中,核心的内容主要有两个方面:一是二级管理,将更多的管理权下放给两级学院,使各学院成为各学科建设的主持者而不仅仅是执行者;二是达标考核与联动考核。

达标考核适用各学院,指学校每年年初向各学院下达包含十类工作内容的具体指标,年终考核,考核结果与下拨经费挂钩。这种考核体现了从个体考核向团队考核、过程考核向目标考核、多头考核向归并考核的转变。联动考核适用于各部门,指学校除给各部门下达工作指标外,还将各部门的经费与各学院的达标率挂钩联动,各学院达标率越高,学校拨给部门的经费就越多,反之亦然,以刺激行政部门为各学院服务的意识。

当然,这些改革的内容是初步的、阶段性的。2009 年学校将结合科学发展观的学习实践活动,进一步深化改革,特别将在拨款体制与职员制方面作较大革新。

记者:听说您有一次说过:"如果 10 分钟就能叫齐院长们开会,就称不上大学"。这如何理解?

胡建淼:是的,我是这么说过。我说,如果某一天发一个通知,要求各院长们于 10 分钟内到会议室开会,他们能在 10 分钟内到达,那就不是大学,而是中学。

因为大学的院长们肯定是各学科的带头人,他们不仅要在校内做好管理工作,更要社会化与国际化,他们必须活跃在国内与国际各学术舞台上,他们必须服务社会,同时又从社会获取资源。所以,如果院长们 10 分钟内就能到达开会,那么他们就不像是大学里的院长,而是整天守在办公桌旁的中学教研室主任。

我的说法可能有点夸张,但目的是让我们的院长们从学校的办公桌上解放出来。

依法治校　提高管理水平

记者:您在工商大学提倡"一手抓学科,一手抓管理",这是基于什么考虑?

胡建淼:是的,我在工商大学提出"两手抓",一手抓学科,一手抓管理。学科无疑是大学的主线,但管理是服务于主线的条件。我还说过:一流的学科三流的管理,其学科迟早会降至二流;三流的学科一流的管理,其学科会加速提升为二流。我这样说是为了形象一点,但管理水平对大学学科发展的关联性是客观存在的。

浙江工商大学的学科工作,就是围绕上述的一个目标与一个发展方针,推行一系列的改革。浙江工商大学的管理工作,我想以"依法治校"为抓手,全面提升我校的管理水平。

我校党委和行政对"依法治校"工作高度重视,迄今已集中推出了一个意见与四项制度。一个意见就是《中共浙江工商大学委员会、浙江工商大学关于加强依法治校工作的意见》;四项制度分别由四个文件所确立,即:《浙江工商大学规范性文件制定办法》确立了区分规范性文件与执行性文件并对规范性文件进行严格法律审查制度;《浙江工商大学听证制度实施办法》确立了对学校重大事项和对教职工的不利处分适用听证的制度;《浙江工商大学合同管理办法》确立了对学校各类合同的规范化管理制度;《浙江工商大学校内教职工争议裁决办法》确立了校内有关纠纷的自我解决机制。"一个意见、四项制度"的出台是密切结合浙江工商大学改革发展的实际,坚定不移地实施"加速发展、创新强校"战略的重要成果之一。这是浙江工商大学深入推进"依法治校",将提升管理水平落到实处的重要标志与举措。

记者:听说浙江工商大学设立了国内高校第一个"听证大厅",您能介绍一下具体情况吗?

胡建淼:为了配合听证制度的全面实施,浙江工商大学于2008年10月设立了全国第一个"听证大厅"。这个大厅可容纳

500人，专供听证使用，为听证制度提供了空间上的保证。

"听证"是公正程序中的核心制度，在发达国家已经存在几百年。中国的不少法律（立法法、行政处罚法、行政许可法等）早已引入"听证"制度。听证制度与一般的座谈会不同，它具有中间性、公正性、广泛性、利害关系性等特点。

《浙江工商大学听证制度实施办法》将下列事项列入听证范围：（一）制定有关师生员工权益的重要规范性文件；（二）根据当事人的申请，学校拟对其作出的留用察看及以上或留校察看及以上的处分决定；（三）学校会议决定听证的事项。听证制度的全面实施，师生员工的民主参与意识会增强，民主管理程度大大提高。

记者：浙江工商大学设立了"教职工裁决委员会"，建立了校内纠纷的裁决机制。您能介绍一下这个制度吗？

胡建淼：前面说过，我校在"依法治校"方面创设了4项制度，其中的一项就是"校内纠纷的裁决制度"。

根据学校制定的《浙江工商大学校内争议裁决办法》，我校设立校内争议裁决委员会，由教职工自己来处理有关的校内争议。根据该办法，凡在学校内部发生的各种争议，除适用诉讼、复议、仲裁和违纪控告的事项外，都可以向学校裁决委员会申请校内争议裁决。

根据该办法规定，校内争议裁决委员会由通过抽签产生的7~9名教职工代表组成，独立对争议事项进行裁决，其作出的裁决决定具有终局性，除学校校长办公会议或党委会决定撤销、变更之外，裁决决定必须执行，教职工不得就同一事项再申请裁决或申诉。

这一制度既维护了学校的管理秩序，又实现了学校管理中的教职工自治，还将校领导从处理各种纠纷的事务中解脱出来。

记者：听说您到工商大学做的第一件事,就是在校内公共厕所内全部配备了卫生纸。有这事吗?

胡建淼：外国人来中国,导游总是要事先向他们交待两件事:一是中国的自来水不得饮用;二是在中国上厕所要自备卫生纸。这是被国外视作中国管理落后的两个典型例子。我想,对于第一件事,我们无力改变;但对于第二件事,我们可以做到。我校从2008年9月1日起,做到了校内公共厕所内永远备有卫生纸。学校每年为此多支出25万元经费,但我认为值。当时作出这一决定时,有人问:要是有人拿走这些卫生纸怎么办? 我说:拿了再放,放到大家不拿为止。事后证明,拿卫生纸的现象并不严重。

在公共厕所内放卫生纸是件小事,但它体现了"以人为本"的管理理念!

发展体育 振奋精神

记者：据我们了解,您特别重视学校的体育工作,而且声称自己要做个"体育校长"。这是为什么?

胡建淼：是的,我是说过,我除了要当好改革校长、法治校长外,还要当好体育校长。我之所以如此重视体育,因素是多方面的。

一是我本人从小喜爱体育活动和体育比赛。我从高中到大学都参加过三项全能(跳高、铅球和100米)比赛。另外,我还喜爱爬山和各种球类。

二是我在浙江大学分管过9年的体育工作,对体育工作有感情。

三是更重要的,我认为"体育精神正是现代大学生所需要的精神"。体育活动与比赛,体现着三种精神:第一是竞争性。体育比赛有很强的竞争性,不是你赢就是我输。它有助于培养学生的进取精神;第二是协作性。体育(团体)比赛使我们懂得,不学会协作就不可能取得胜利;第三是平等性。在体育比赛场上,人与人的关系是最平等的,教师进球是 2 分,校长进球也只有 2 分。平等对人才能赢得和谐的环境。这三种体育精神应当为现代大学生所必需。

我校在分管校领导与分管部门的努力下,制定了《浙江工商大学体育工作振兴计划》,在竞技体育、群体活动与校园体育文化建设等方面都确定了具体的目标。比如学校计划 5 年内筹建 2 ~ 3 支在社会上有较大影响的运动队伍,争取在全国比赛中位列三甲。

记者:在您看来,一位好的大学校长该具备什么样的素质?

胡建淼:一位合格的大学校长,准确地说,一位合格的现代中国大学的校长,应当既懂"精神"又懂"行为"。具体地说,既能懂得坚持现代大学的精神,坚持科学、学术与自由,又能根据具体情况与条件顺势而为! 对大学来说,发展同样是硬道理!

浙江林学院校长周国模：

普及生态理念　建设生态大学

袁建胜　崔雪芹

周国模简介：浙江林学院校长。国内知名的森林碳汇专家，享受国务院特殊津贴，浙江省"151"人才。现任中国林学会理事、中国林学会森林经理分会常务理事和浙江省林学会副理事长，主要从事森林碳汇、森林资源信息化管理技术、森林可持续经营理论与技术等研究。现主持国家和省级项目数十项，发表论文近百篇，并先后获国家科技进步奖二等奖、浙江省人民政府科技进步奖二等奖以及浙江省优秀教学成果一等奖等荣誉。

在杭州市西郊有个安静又美丽的小城——临安市，浙江林学院就坐落在这座全国优秀旅游城市里。杭州有个西湖，浙江林学院有个东湖。

在东湖边的杨柳依依里，我们采访了浙江林学院的校长周国模。坐品青翠的绿茶，看着湖上天鹅如云般飘过，心中的那份轻松和自在，是在游人扰攘的西湖边体会不到的。静谧使人专注，这样的环境也许就是做学问的理想所在。

"你们看到湖中的那个岛了吗？那是人工堆出来的，与湖边并没有道路相连，为什么？因为它的唯一功能是湖中的鸟的栖息场所。"周国模对记者说，"这是一件小事情，也是我们建设生态大学理念的一个小小体现。"

谈话一开始，周国模就给记者普及了一下生态学的知识。

一个健康的生态系统有四个特征：开放性、动态性、多样性和竞争性。开放性代表的是生态系统内部各要素之间、整个系统与外部之间要不断地进行能量、物质交换；生态系统时时都要保持一种动态的平衡，这是生命体本身的特征所决定的；多样性是指系统内要物种多样并存；而竞争性是指各物种优胜劣汰的过程，通过竞争达到系统的和谐平稳。

虽然早就知道周国模校长是一位林学、生态学方面的专家，但这样的开场白还是让我们有些措手不及：难道我们要聆听一场生态学方面的专业演讲？

"生态学的理念和学校管理看起来并不搭界，但从建设生态大学的角度来讲，二者的原理却是基本相同。"周国模话题一转，就谈到了大学管理。

生态大学同样有开放性、动态性、多样性和竞争性的特征。

"大学不能关起门来办学,要面向社会、面向国际,这是大学的开放性;大学的建设目标是动态的,应该与时俱进地调整,这是大学的动态性;大学的学科是多样的,学术观点也要是多样的,多元文化要在这里交汇、碰撞;大学内外部都处于一个竞争的环境下,需要有序竞争,没有竞争就容易产生惰性。"周国模说。

在拥有2188种植物,集教学、科研、景观和文化活动等功能为一体的校园与植物园"两园合一"的生态型校园中,听周国模校长谈着生态大学建设的相关话题,看着我们的疑问一个个迎刃而解,实在是一个让人心情畅快的过程。

"让老百姓喝上干净的水、吃上放心的肉、呼吸新鲜的空气——这些我们之前曾经拥有的生活,如今却变成需要为之努力的目标。在生态环境和经济发展之间的协调方面,我们需要进行深刻地反思。"周国模说。

在周国模看来,为改善生态环境提供智力支持,是他作为一名科学家的责任;而作为一位校长,为教师和学生负责、为学校的发展负责,也是他义不容辞的责任。

三个面向和"三干"品质

记者:自1958年天目林学院建立以来,浙江林学院办学已历50余年,在过去的50多年里,浙江林学院形成了哪些优良传统?在21世纪的今天,我们又如何继续发扬这些优良传统?

周国模:浙江林学院原名天目林学院,成立于1958年,办学伊始就拥有一批知名教授和留学归国的学者,是一所有较高办学起点的本科院校。学校创办之初虽然办学条件十分艰苦，但是在一批老教授的带动下，全校师生以严谨求实的作风和坚韧不拔的精神推动学校不断发展，这种精神一直延续了下来，成为学校发展的不竭动力。

从建校开始，学校就一直保持着在学生中开设劳动课的传统：20世纪90年代以前，每一位进校的大学生都要发一把锄头、一个水壶、一双劳保鞋，到农村、企业去，到实习基地去劳动一段时间，去培养他们的吃苦耐劳精神和基本专业技能。如今学校办学条件改善了，但劳动依然是大一学生的必修课。

近年来学校发展迅速，实现了学科从以林为主向以林为特色的转变，从单科性院校向多科性大学的转变。目前，浙江林学院在校生突破20000人，拥有了15个硕士学位授予点和50个本科专业，学校拥有国家木质资源综合利用工程研究中心等一批高层次科研平台，一大批科研成果获得全国以及省部级奖，其中"刨切微薄竹技术"获得国家科技发明奖二等奖、"竹炭生产关键技术、应用机理及系列产品开发"获国家科技进步奖二等奖，学校科研成果连续3年获得浙江省科技奖励一等奖，这些科研成果转化为生产力后，为企业、农民增加收入10多亿元。

在新的时代和机遇下，学校仍然坚持立足于农林学科的特色和行业特点，以"坚韧不拔、不断超越"的精神始终坚持"面向农村、面向基层、面向社会"，重视培养学生"肯干、实干、能干"的良好品质。

"肯干"指的是态度，要求工作积极主动，能够做别人不愿意做的事情，能够坚韧不拔，不断超越；"实干"指的是作风，要求工作踏踏实实，一步一个脚印，做事情实事求是，学生要求真、教师要敬业；"能干"指的是能力，要求工作者具有一定的综合素质，能够比较好地完成任务,而且能够在原有的基础上不断创新。

学校 50 多年来培养的 27000 多名毕业生,他们无论是在基层一线和农村工作,还是在领导岗位及其他科研、管理等各类岗位上,都充分表现出"肯干、能干、实干"的品质,大大增强了学生在就业上的优势:他们不仅下得去、留得住,而且还能干得好、上得来,深受用人单位欢迎。

生态大学的核心是和谐

记者:浙江林学院提出建设"生态大学"的理念,请您具体谈一谈"生态大学"的内涵和外延。

周国模:经过多年的精心规划和建设,浙江林学院东湖校区按照"崇尚自然、优化环境、因地制宜、特色鲜明、以人为本、天人合一"的设计理念进行建设,目前已经成为集教学、科研、景观和文化活动等功能为一体的校园与植物园"两园合一"的生态型校园。

校区拥有 2188 种植物,其中有大量珍稀植物,国家林业局林木良种基地也建在此。由于环境优美、依山傍水,学校每天都吸引着大量的学者、专家、中小学师生以及社会各界人士来学习考察,由于环境优美,还被推选为全国绿化模范单位。

但学校并没有就此停下脚步,经过多次调研、讨论,大家发现,目前全国高校中已经有了生态型大学,但还没有一所真正意义上的生态大学。于是,在最近的保持共产党员先进性教育中,浙江林学院党委提出了"践行'三个代表'重要思想,建设人民满意的生态大学"的主题。

我们提出的生态大学,是"以教育生态化理念为指导,通过对由学校与外部环境构成的系统进行调控,达到学校与外部环境、学校内部各要素之间关系的平衡,在资源优化配置基础上,充分发挥人才培养、科学研究和社会服务三大功能,实现和谐可持续发展的大学"。生态大学的"生态"也是随时代的变化而变化的,不仅仅要求校园环境要达到生态化要求,还需要从人才培养、制度文化、人文精神等方面进行建设。生态代表的是一种和谐,包括环境、人事关系、制度文化的和谐,也包括广大师生关系的和谐,反映人类新的生存方式和自然的和谐关系。

生态大学包括三个部分:生态校园、生态教育和生态文化。

首先是生态校园,指的是整个校园在规划与建设过程中,注重对生态环境的保护,对人文历史的挖掘,对传统优秀文化的传承;其次是生态教育,指按照生态学知识,致力于解决教育过程中的各种矛盾,形成整体的、动态的平衡,以实现人的全面的、可持续的发展以及高等教育的可持续发展;最后是生态文化,是指以生态为特色,培育、弘扬校园生态文化,重点是对师生生态意识的培养,对高校周边环境的文化辐射。

建设生态大学的理念也要渗透到学校的管理体制和创新学术环境中去,生态大学倡导以人为本,在学校的管理和教学中要遵循高等教育的基本规律顺势而为。

比如,学校在制度建设方面倡导"和而不同",尊重学科、学生、部门等各个方面存在的差异与个性。注重价值引导,营造高雅的文化环境,倡导求真的科学精神,建立规范的运作意识,采取长效的激励机制。

在学术建设方面,建设有利于创新的学术生态环境。学科及以学科为基础的组织机构、学术团队、学术领导、个性包容的学术文化、学术资源的获得及分配机制等是制约学术发展的环境因素。在生态大学中,必须重视学术的群体效应,尊重学术人员的自我组织,强调学术多元发展,鼓励创造,宽容失败,充分发挥教师的主体作用。

要实行民主管理,在规范管理的同时体现出宽容精神,努力营造良好氛围,发挥系统中每一个基本价值主体的作用,充分尊重和保持人与人之间的自然和谐的关系。

培养生态人　服务最基层

记者:浙江林学院已将生态课程作为全校的公选课推行,各专业是否学习同样的生态课程? 常识教育、素质教育的功能之外,生态教育如何和不同专业深入结合? 除了开设公共课程之外,浙江林学院为实现建设"生态大学"理念,在校内还有哪些系统推进的项目或工程? 产生了何种效果?

周国模:学校在给学生设计选修课程时专门规定:所有学生在校期间必须获得 2 个以上生态环境学的公选课学分才能毕业。

浙江林学院多年来一直在努力实现一个目标——"建设人民满意的生态大学",坚持"生态育人、创新强校"发展战略,实施生态化管理、培养生态人、建设生态校园。

所谓生态人,就是具备生态素质,和谐全面发展的人。学生只有具备一定生态理念才能深刻领会可持续发展的意义,只有具备了一定的生态学知识,在生产实践中才能够更加重视经济发展和环境的关系。

比如,土木工程专业的学生学习生态环境学,可以让他们今后在建筑设计时,能够考虑自己的设计会不会破坏环境,建筑的废弃物该如何处理;经济管理专业的学生学习生态知识,可以在将来的经济建设和管理过程中,更加清楚如何处理经济发展和环境保护之间的关系,更好地贯彻科学发展观——其他专业的学生也是一样。

随着和谐社会建设的不断深入,今后的社会对人才的要求,肯定会加上一条——要具备一定生态理念。现在我们先行一步,让所有的学生在学习专业知识的同时,都能够以生态理念为基础。

有了一流的自然生态环境,更要有一流的人文生态环境,这样才能培养出生态化的人才。为了营造更加生态的人文环境,浙江林学院下大力气做"小事"、做实事,让"以人为本"不再是一句口号。

比如,学校如何发展、如何规划,不仅普通老师可以直接参加研讨,即使普通的学生也可以通过各种途径向学校提意见、谈想法。

此外,学校还在校园内设立人行道,确保师生交通安全;加强休闲健康文化建设,使全校师生都有良好的体魄去工作学习;成立心理健康咨询中心,帮助师生解缓压力;制订贫困资助办法,帮助贫困学生完成学业等等。

记者:目前我国要走科学发展之路,社会经济发展与自然环境保护之间的和谐是其中的关键,在这样的大背景之下,高校应扮演什么样的角色?浙江林学院提出建设"生态大学"的理念,除了科研成果、人才培养等智力支持之外,在直接服务社会方面有何自身的特色?

周国模:在国家走向科学发展道路之时,高校尤其是农林环境类高校,一定要承担起相关的责任,生态大学更要有自己的生态责任——积极向社会宣传生态环保理念,主动培养具有生态意识的大学生。

每当假期结束后,浙江林学院的老师们聚到一起,交流最多的并不是写了多少论文、完成了多少课题,而是有多少时间深入基层服务,帮助企业工厂、农民群众解决了多少科技难题,比的是谁的科技服务得到了企业认可,谁下乡服务更受农民欢迎。

比如2009年为帮助农民解决实际问题,更好地服务新农村建设,学校农村经济、林业经济、林学、园艺等专业的专家,先后前往浙江省永嘉、余杭、天台等县市,为各地的蔬菜园艺基地、蘑菇栽培基地、竹子培育基地提供技术支持,针对各涉农企业如何处理农业生产过程中的环保问题,提出了切实可行的意见和建议,促进了当地资源的循环利用和农作制度的升级。

到基层开展科技服务,已经是浙江林学院专家、教授暑期的必修课程,学校利用暑假时间开展"院士行"、"专家行"等科技服务活动,已经坚持了数十年,取得了很好的经济效益和社会效益。

为加强专家和企业、地方的联系,确保科技服务的长态化,学校每年还选派了一大批科技特派员、农村指导员,他们常年在地方开展科技服务,起到了联系专家教授和地方企业、农户之间的纽带作用,确保了专家教授完成暑期科技服务后,能够始终保持地方企业的联系。

教学科研起表率 综合能力是关键

记者:您在学校从事行政管理工作的同时,从未间断科研工作,在您的科研生涯中,您做得最满意的课题是哪一项,它为何让您如此看重?

周国模:林业与全球气候变化方面的研究,是我最感兴趣的研究领域。由我负责的浙江林学院森林碳汇研究项目组,2002年开始开展毛竹林、杉木林等碳汇能力的研究,尤其是毛竹林碳汇研究在全国是最早开始、也是最系统的,相关科研成果在国内外受到了关注。

我校负责实施的全球首个毛竹林碳汇项目——临安毛竹林碳汇项目得到中国绿色碳基金支持,已经在浙江省临安市藻溪镇营造毛竹碳汇林近50公顷,预计在项目实施的20年内可固碳(吸收二氧化碳并使其中的碳固持下来)5000多吨。通过对项目实施期间碳汇动态的检测与计量,将提出毛竹碳汇林营造、监测与计量的国家标准,为未来进行竹林碳汇交易提供技术支撑。我国是世界上竹林面积、产量、产值最大,加工利用做得最好的国家,竹林也是南方山区农民致富的重要来源,作好竹林碳汇方面的研究意义很大。

什么是碳汇?林业碳汇是指通过实施植树造林、森林管理、植被保护和恢复等活动,吸收大气中的二氧化碳并与碳汇交易相结合的过程、活动或机制。

随着世界经济的高速发展,人类活动特别是近年来工农业生产所排放的温室气体,导致全球气候变暖,对人类生存构成威胁。其中,二氧化碳是气候变暖的主要温室气体。通过陆地生态系统的有效管理来提高碳汇能力、减缓大气中二氧化碳浓度的增加,被认为是最经济有效、绿色安全的途径之一。

胡锦涛总书记在G20气候变化峰会上发表讲话,宣布中国将采取4项措施来应对全球气候变化带来的挑战,其中有一条就是大力增加森林碳汇。而在2009年6月举行的首次中央林业工作会议上,也提出了发展林业是应对全球气候变化的战略选择。所以未来林业不仅是一个产业部门,而且将对人类的整个生态环境、对社会经济可持续发展起到极为重要的作用。

记者:在您看来,一位好的大学校长应具备哪些素质?

周国模：现在的大学承担诸多的责任，政府、社会各界都极为关注、寄予厚望，希望大学的管理者既是教育家，又是政治家。作为校长，要为学校发展把握未来，引领全局，抓好管理，协调上下左右，又要有教学能力、学术水平来起表率作用。

所以，如果从全面的角度来要求的话，一位大学校长要从国情出发，做政治方向的把握者；把握机遇与时俱进，做改革创新的开拓者；以提升学术声誉为宗旨，做学术管理的主持者；以科学发展观为指导，做大学持续发展的推动者；以实现和谐为目标，做大学和谐体系的构建者。

具体来说有几个方面：第一要有底蕴丰厚的从业经验与教育思想；第二要有实事求是的科学态度与工作作风；第三要有不断进取的改革实践与管理创新能力；第四要具备有的放矢的高教研究与战略规划能力。

除此之外，作为大学校长，还有非常重要的两点，就是一要关爱学生，在他们的品行、身心以及知识能力等方面给予关注；二要关心教师，为教师积极性、创造性的发挥营建公平、公正的制度环境。这些看似"细节"的事情，却同样是一位大学校长在构建和谐大学中值得高度重视的。

江苏大学校长袁寿其：

突出特色 坚持走高水平大学建设之路

袁建胜 崔雪芹 尹志国 张明平

袁寿其简介：江苏大学校长。国家杰出青年基金获得者、"新世纪百千万人才工程"国家级人选、江苏省"333 工程"中青年首席科学家，享受政府特殊津贴。长期从事农业机械及节水农业装备的科研工作，承担的"潜水泵理论与关键技术研究及推广应用"获国家科技进步奖二等奖，主持完成的"以'4C 能力'为核心的流体机械创新人才培养体系的创建与实践"获国家级教学成果二等奖。

"春水碧于天,画船听雨眠。"在国家著名历史文化名城——江苏镇江这方温婉秀美、钟灵毓秀的土地上,坐落着一所具有百年办学历史的高等学府——江苏大学。

1958年党中央提出了以农业为基础、以工业为主导的发展国民经济总方针,毛泽东同志指出:"农业的根本出路在于机械化。"随后,中央政府计划建一所"万人大学",为实现农业机械化培养人才。1960年,国务院以南京工学院的农业机械、汽车与拖拉机等专业的全部师资、设备为基础在南京筹建南京农业机械学院,1961年改为镇江农业机械学院并迁址镇江。它就是江苏大学的前身。

早在1978年,镇江农业机械学院就被国务院确定为全国88所重点大学之一,1981年成为全国首批具有博士、硕士学位授予权的高校之一。1998年,在国家高等教育办学体制改革过程中,学校成为全国首批实行"中央与地方共建,以地方管理为主"管理体制的高校。

"虽然管理体制和国家政策有了变化,学科专业也不断调整,学校的老师和领导却始终坚持自己的办学理念和办学特色——工中有农、以工支农,为国家培养人才,为行业服务,坚持走有自己特色的高水平大学建设之路。"江苏大学校长袁寿其说。

历史悠久　特色鲜明

记者:1980年,您进入镇江农业机械学院(江苏大学前身)水力机械专业学习,1995年获博士学位,又先后任江苏工学院排灌机械研究所副所长、江苏理工大学流体机械工程技术中心主任和研究生部主任、江苏大学副校长、校长,可谓是老江大人了。这29年来,您是否思考过这样的问题:江苏大学是一所什么样的大学?

袁寿其:这是我一直在思考的问题,答案也是不断完善的。1980年,我考入镇江农业机械学院(江苏大学前身)水力机械专业学习,随后完成了硕士、博士研究生的学习,可以说是"土生土长"。我由一名呼吸着泥土气息长大、来自农村的学生,成长为江苏大学的校长和"流体机械及工程"国家重点学科带头人,可以说"我深深地爱着她的过去和现在,更深深地爱着她的未来!"

在我的心目中,江苏大学是一所历史悠久、底蕴深厚、特色鲜明、人才辈出的优秀大学。

首先是历史悠久、底蕴深厚。1902年,晚清名臣张之洞等在南京创办了三江师范学堂,首开江苏近代高等教育之先河。尔后,迭经兴废,南京大学、南京工学院等校薪尽火传,承其学脉。1960年,国务院以南京工学院农业机械和汽车拖拉机两个专业的师资设备为基础筹建南京农业机械学院,翌年迁址镇江并定名为镇江农业机械学院。1963年、1970年,吉林工业大学排灌机械专业及研究室、南京农学院农机化分院先后并入。1978年,镇江农业机械学院被国务院确定为全国88所重点大学之一。1981年成为全国首批具有博士、硕士学位授予权的高校。2001年同处镇江一市的江苏理工大学、镇江医学院、镇江师范专科学校合并组建江苏大学。

所以,从办学渊源上看,江苏大学与南京大学、东南大学等著名高校同宗同源,具有百年办学历史。早在20世纪80年代,学校就受联合国委托,为亚太地区培养了大批高级农机技术与管理专家。

其次是特色鲜明、人才辈出。学校的工科特色非常鲜明,其基础是原南京工学院、吉林工业大学、南京农学院三所老校的有关专业和师资,办学起点高。

学校的农业机械设计与制造学科培养了我国第一批本科生、第一届硕士研究生和第一位农机博士。汽车与拖拉机专业创设于1958年,当时国内仅有清华大学、吉林工业大学和我校设有。流体机械及工程专业是20世纪60年代初为适应我国农业排灌事业发展创办的,国内唯一以水泵研究为特色的国家级重点学科。农产品加工及贮藏工程学科是国内第一个博士学位授权点。农业电气化与自动化是全国该学科领域的第二个国家重点学科。管理科学与工程是江苏省属高校中最早的博士点。学校的临床检验诊断学专业是全国最早举办该专业的5所高校之一。

在长期的办学过程中,学校秉承优良办学传统,为社会培养输送了大批优秀人才,而在校学生的表现也非常突出,在第10届"挑战杯"全国大学生科技作品竞赛中,学校以全国第6名的成绩第二次喜捧"优胜杯",并两度获得"中国青少年科技创新奖"。自2003年江苏省开展评选"十佳青年学生"以来,我校是江苏高校中唯一一所每届都有学生当选的学校。以我校学生、被誉为"爱心天使"陈静的真实故事改编拍摄的电影《小城大爱》在全国公映。

2006~2008年,"全国百篇优秀博士学位论文"我校连续3年榜上有名,3名获得者中的2位都是江苏大学"本土培养"的学士、硕士和博士,其中一位最近被获批为教育部"长江学者"特聘教授。

培养"又红又专"的人才

记者:有很多成绩可以说明江苏大学的人才培养质量是高的,

那么,对于高素质创新人才的培养,江苏大学有什么秘诀? 在您看来,评判一所大学的人才培养工作是否成功的标准是什么?

袁寿其:目前中国高等教育的总体规模已位居世界第一,步入了世界公认的大众化阶段。温家宝总理曾多次指出:基础教育面临如何普及的问题,职业教育、中等教育面临如何发展的问题,而高等教育面临的最大问题是如何提高质量。这为高等教育新一轮的发展指明了方向。

本科教学方面:江苏大学要建成高水平大学,首先应该成为本科教学质量高水平的大学。所以学校非常重视本科教学工作,确立了"人才培养是学校工作的根本任务、教学工作是学校工作的重中之重、教育质量是学校的核心竞争力、教学改革的基本出发点是以人为本"的办学理念。

在这一理念的指导下,学校始终坚持教学工作的中心地位,坚持教育以育人为本,以学生为主体,坚持办学以人才为本,以教师为主体,大力推进"本科教学质量与教学改革工程",并启动了优秀教学成果、教学名师、精品课程、精品教材、品牌特色专业、教学团队、教育教学改革与研究以及"百项本科生创新计划"等建设项目。

同时,根据因材施教的原则,大力实施了人才培养"三大计划":"优才优育计划"、"复合型人才培养计划"、"创新型人才培养计划"。与此同时,学校建立了主干课程教师主讲制、教师脱稿授课制、多媒体课件准入制、学院教学质量检查评估制等等,这些措施的采取,有效保证了人才培养质量的不断提高。

研究生教育方面:针对传统的"理论课 + 学位论文"培养模式的不足,我们确立了强化理论知识与工程实际紧密结合的高端人才培养模式,坚持将工程能力的培养贯穿研究生培养的全过程。

在培养方案中除优化课程结构外,进一步强化生产实践、科研立项以及结合工程背景进行论文选题等要素,鼓励研究生按照"自行设计、自由探索、自己动手、自主创新"的"四自"原则,结合导师的科研项目,大胆开展科研探索和理论及技术创新,通过独立思考、在参与科研项目中不断提高自己的工程综合和创新能力。

衡量人才培养工作是否成功的标准,我觉得应该是"成人"和"成才"的统一,也就是蒋南翔在清华所倡导的"又红又专"。"红"就是政治成熟,"专"就是业务熟练,这与胡锦涛总书记要求的社会主义事业"合格建设者"和"可靠接班人"是完全符合的。具体讲,就是以是否具备强烈的社会责任感、良好的综合素养、健全的身心素质、较强的自主发展能力以及今后的工作表现等来衡量。

重视学校内涵建设

记者:据了解,江苏大学特别强调"国字头"品牌建设,如国家精品课程、国家级教学成果的遴选、培育、组织申报等。学校大力推进"国字头"品牌建设工程是出于怎样的初衷?

袁寿其:"国字头"是我们对国家级的学科、项目、人才、成果以及各类学生竞赛等的总称,这些都是体现学校办学实力的关键指标。任何一所高水平大学,必定要拥有一定数量的"国字头"作为"镇校之宝",否则就缺乏"高水平"的实力和底气。

我们大力推进"国字头"品牌建设工程主要有两个方面的考虑:一是江苏大学作为具有百年办学底蕴、工科特色鲜明的全国重点大学,在长期的办学过程中积淀形成了一定的特色和优势,但这种特色和优势还不够"显山露水",必须要进一步凝练、整合和提升。二是我们把大力推进"国字头"品牌建设工程作为创建高水平大学的关键路径,作为转变发展方式、提升发展质量、实现科学发展的重要抓手和载体。

学校希望通过"国字头"项目的不断突破,带动全局工作的整体推进和综合实力的全面提升。近年来的实践表明,我们"国字头"品牌建设工程确实抓住了关键,找准了突破口,学校事业呈现出又好又快发展的生动局面,受到兄弟院校的广泛关注。

记者:目前,国家正在积极推进高等教育由外延扩张向内涵提升转型,您认为大学内涵建设主要体现在哪些方面? 提升内涵的关键是什么?

袁寿其:中国的高等教育经过"九五"以扩大规模为主要特征的"大扩招"、"十五"以新校区建设为主要特征的"大建设",目前已进入以提高质量为主要特征的"大提升"阶段。当前高校之间的竞争主要体现在内涵实力的竞争。

在前两轮的竞争中,如果规模发展一时滞后,短期内通过加大投入等方式是可以实现赶超的。而在新一轮的竞争中,如稍慢半拍,逊人一筹,对学校未来发展的影响将是致命的。所以,我们十分重视内涵建设,鲜明地把"提升内涵,强化特色"确定为今后一段时期学校事业发展的主题。

高校的内涵建设主要体现在教学、科研、学科、队伍、文化以及管理创新等方面。所以在强化内涵建设中,我们重点突出了"四个优先"和"三个着力"。"四个优先"就是教学质量优先、拔尖人才优先、强势学科优先、自主创新优先。"三个着力"就是着力创新党的建设新的伟大工程,努力为建设高水平大学提供强有力的思想、政治和组织保证;着力加强以社会主义核心价值体系为引领的思想政治文化建设,努力建设和谐校园;着力推进制度创新,努力建设符合教育规律的现代大学制度。

提升内涵的关键,我认为在高水平的师资队伍,学校坚持把建设一支与高水平大学要求相适应的师资队伍作为内涵建设的重中之重,"不惜代价、不遗余力、不拘一格"。

记者:开展科学研究和社会服务是高校的重要职能。江苏大学以工科为特色,如何发挥特色专业的优势开展科学研究和社会服务?

袁寿其:一所大学有没有活力、有没有发展的潜力,很大程度上体现在它融入社会、服务社会、引领区域经济发展和科技进步的能力,体现在它对国家目标和地方经济发展所作的贡献。

为此,我们将学校的科技工作定位于"两个接轨":一是基础研究和高技术研究与国家战略需求相接轨;二是应用研究和开发研究与国家、区域经济建设需求相接轨。

基础研究和高技术研究方面,重点是紧紧围绕国家重大科技需求和区域主导产业发展,瞄准学科前沿,将承接"973"计划、"863"计划、国家自然科学基金重点项目、国家社会科学基金项目、杰出青年基金项目、国家技术支撑计划和重大科技专项以及国防军工、核工重大项目等作为主要着力点,力争培育"大成果",争作"大贡献"。

应用研究和开发研究方面,主要是瞄准经济建设主战场,融入以企业为主体的国家科技创新体系,面向行业、走进企业,大力开展横向科研合作,努力承担事关地方经济社会发展重大问题和行业、企业关键共性技术的大项目、大课题。

经过长期探索,目前学校的科技服务工作已形成了"创新研发—成果形成—技术转移—产业化"的良性循环机制。2005年以来,全校技术合同总额达4亿元,科技服务辐射全国24个省、直辖市。特别值得一提的是,学校科技工作对江苏地方经济贡献率的主要指标:科技项目及团队、科技经费、科技基地、四技经费、科技成果转化及科技项目鉴定、专利以及科技成果奖等都居全省高校前列。

特色做事　本色为"官"

记者:您在江苏大学的 29 年中,可以说,无论是作为受教育者还是教育者以及管理者,您都取得了很大的成功,成功的背后是什么?

袁寿其:我的体会是 12 个字,即角色定位、特色做事、本色为"官";我的感想是"八个字",即热爱、敬业、投入、创造。

作为学生,就是要充分利用学校优良的办学条件,努力使自己德智体美全面发展,这是一名学生的角色定位。

作为教师,就是要潜心钻研业务,努力使自己成为学术的领跑者,名师才能出高徒,创新型人才的涌现关键在教师,这是一名教育者的角色定位。

作为管理者,对学校的决策部署,就是要全身心地投入、创造性地落实,细节决定成败,这是一名管理者的角色定位。

作为学校的校长,就是一定要有自己的办学思想和理念,要着力提高战略谋划能力,确保学校事业在正确的航向上不断前行,这是一名大学校长的角色定位。作为一位大学校长,在不断提高决策水平的基础上,特别要致力于营造有利于各类人才集聚的良好环境。

在工作过程中,我的感触很多,简单说来有三点"更重要"。

一是信心比黄金更重要。在事业发展上我一直认为潜力是无穷的,压力激发活力,一切全靠奋斗,你永远比你想象的更优秀。

二是知己比知彼更重要。《孙子·谋攻》中说:"知己知彼,百战不殆"。但两者相比,知己比知彼更重要,就是说要在充分肯定成绩的基础上清醒地看到"尺有所短","知不足"才能"而后进",才能激发奋进的勇气和斗志。

三是实干比说教更重要。这就是古人所说的"动人以言者,其感不深;动人以行者,其应必速"。任何事情,倘若总是坐而论道、执行力差,或者思考研究的多、付诸实践的少,或者总是议而不决,那么一切都只能是纸上谈兵,贻误发展。心动的想法固然重要,但执行和行动更重要。

记者:大学是放飞理想的圣地,大学是追求梦想的殿堂。作为一位大学校长,您的理想或梦想是什么?

袁寿其:岁月流金,物华竞择;百年办学,风雨兼程。如今的江苏大学在跨越时空的航道上,又开始了新的航程。"居高声自远,非是藉秋风"。建设高水平大学,不是一句抽象的口号,是生动具体的,是一组组看得到的数据和一件件实实在在的发展成就。

作为江苏大学的校长,我非常渴望看到:通过全校师生的齐心协力、共同努力,在高等教育改革发展的大潮中,每一个季节都是她的春天;在数以万计的建国之才中,每一株桃李都有她的绽放。

西北大学校长乔学光：

立足三秦大地　坚持开门办学

陈　彬　崔雪芹

乔学光简介：西北大学校长，理学博士，教授，博士生导师。1955年5月生，陕西省佳县人。1982年毕业于西安交通大学物理专业，获理学学士学位；1998年毕业于中国科学院西安光学精密机械研究所光学专业，获理学博士学位；1999年至2000年赴美国麻省理工学院做访问学者。光电子信息学科学术带头人，主要从事光电子技术、光纤通信与传感、油气田光纤测井、物探、油气管线检测等领域的教学与研究工作。

2008 年下半年,乔学光调离了工作多年的西安石油大学,被任命为西北大学校长。新的职位给他带来的不仅仅是工作环境的改变,还有如何在前人的基础上,让这所有着辉煌历史的百年老校再次焕发青春。不久前,记者走进西北大学,探寻这位新掌门人的治校理念。

继承发扬"西大性格"

记者:作为一所有百年历史的老校,西北大学在百年的风雨历程中,形成了西大人自己的性格,在您看来,我们该如何描述这种"西大性格"?

乔学光:这实际上是一个"办学风格"的问题。一所高校办学风格的形成,需要经过长期沉淀和积累。西北大学作为百年老校,显然具备这样一种条件,也形成了一种风气。如果用四个字来形容西大的风格,我认为可以体现在我们的校训"公诚勤朴"上,虽然仅仅有四个字,但由此辐射出的内涵却十分丰富。

首先,这种品质体现在西大人百年来一直坚持的求真务实的办学风格和优良学风上。

1902 年,西北大学发端于陕西大学堂,当时学校就要求学生承续"尚实求真"的"关学"精神,为西北地区教育献力,求真务实的品格已经表现得非常明显。

1912 年,陕西大学堂改名西北大学,并明确提出了"以教授高深学术,养成硕学宏才,应国家需要"的办学宗旨,这种宗旨一直坚持了几十年。

新中国成立以来,学校明确提出了要发扬新"三风",即实事求是、严肃工作的新学风;师生互动,教学相长的新校风;理论与实际相结合的新研究风。三个阶段都把实事求是的风格体现出来。

其次,这种品质也体现在西大人爱国荣校的历史使命感上,从建校开始,无论是战争时期还是社会主义建设时期,都秉承了爱国荣校、爱岗敬业的优秀品格,为国家培养了一大批高水平人才。

第三,这种品质也体现在艰苦创业、自强不息的办学精神上。西北大学经历了百年中国的各个时期,一直在祖国的西北艰难地扎根生长。难能可贵的一点是,西大的历史沿革从没有断过,始终在不同的地方以不同的形式生存着,这就体现了一种自强不息的艰苦创业精神。1958 年,西北大学被划归到地方,尽管地方政府对学校的发展十分支持,但是毕竟有一定的限制,在这里建一所高水平的大学并不容易,这也倾注了几代人的心血,西大人艰苦创业自强不息的办学精神也在这一过程中得到了升华。

改革开放以后,特别是"211 工程"建设以来,西大人进一步弘扬艰苦创业自强不息的精神,以更大的工作热情,创造性地开展学校的改革和建设,培养了一大批优秀人才,取得了一系列辉煌成就,学校各项事业得到突飞猛进的发展,西大精神更加发扬光大。

记者:在高等教育发展的过程中,学校的风格也会适应高等教育发展的潮流而产生一定的变化,在这种情况下,您认为怎样才能更好地把西大性格继承并发扬光大?

乔学光:这是大学文化建设的问题。大学文化不同于社会上其他机构的文化,大学文化要体现在对大学的提升作用之上,大学应该能引领时代,起到引领地方发展的"灯塔"作用。从历史上讲,西大产生了这样的作用,将来也要这样,而要做到这点,就要坚持大学"文化圣地"的意义。

温家宝总理在 2007 年参加同济大学校庆时讲过,一个民族要有一些关注天空的人,这个民族才有希望。如果一个民族只关注脚下的事,他们是没有未来的。我认为大学就要致力于培养一些仰望星空的人,这是大学首当其冲、义不容辞的任务。而培养这样的人需要耐心,不能急于求成,把社会上急功近利的东西带入大学,对人才培养极为不利。

因此,在学校的办学实践中,要培养学生关心国家大事,关心国家的政治、经济、文化建设的品质,坚持大学的独立自由精神,这也是大学的风骨。也只有这样,才能使学校适应时代发展的步伐,形成符合时代的性格风骨。

立足西部　自强奋进

记者:前不久,教育部与陕西省人民政府共同签署了共建西北大学的协议。毫无疑问,这份协议的签订对西大来说是一个机遇。但除了机遇之外,这是否也是对您和西大的一种压力?

乔学光:省部共建是西北大学长期的一个"心结"。这次我们终于取得了一定的突破。我认为省部共建将在西大的发展历史上起到极其重要的作用。成为省部共建院校后,我们将会得到一些新的发展机遇,也会找到一些新的发展平台,当遇到我们关心的一些发展问题时,会有一定的渠道去解决。

说到压力,这确实是一个机遇与挑战并存的问题。机遇要用心地去抓,至于挑战,我认为主要还是体现在学校的实力上。当今的社会是一个竞争的社会,学校之间的学科在竞争,各种机会也在竞争,如果实力到了一定程度,机会自然非我莫属;如果实力不到,再说"困难"、"扶贫"也是无济于事的。

与国内同类型综合大学相比,我们还缺少很多人才培养、学科建设、校园环境建设的平台,这都要靠增强实力来争取。

记者:西北大学地处西安,虽然西安的高教资源比较丰富,但毕竟是在西部,与东部经济和高教发达地区在沟通上会有一些困难,您认为这样的地区劣势是否给西大的学术交流和品牌推广带来一些困难? 如果有,您认为该如何克服?

乔学光:这种现象确实存在,东西部大学在地域和外部条件上确实不一样。在西北地区办一所高水平的大学,其难度要远远高于东部。但是我们也应该看到,西北大学选校址时就选到了西安,这也确实对其学术特色的形成提供了有利的条件。西部有西部的优势,我们只要利用好这样的优势,依然能够取得好的效果。

比如地球科学,西北大学的地球科学学科在国内大学的学科排位中可以达到前几位,在国内外有较高影响。一个很重要的学科特点,就是很多研究都是围绕秦岭造山带展开的。还有能源化工领域,也主要是以陕北的油气矿产资源为主。再比如史学、考古、文学等学科,也是围绕西安十三朝古都的丰厚历史开展的,这样的地域文化养育了我们的学科。

西大不可能离开西部,因此我们只能立足于西部,发挥它的最大优势。至于西部的区位劣势对于东西部乃至国际间交流的不利影响,我们也想了一些办法加以克服。

首先,我们坚持开门办学,让大家多了解西北大学。主要渠道便是通过广泛的学术交流,举办各种学术会议。从2008年下半年到2009年上半年,我们已经举办了千人以上的学术会议五场,各种国际学术会议有二十余场。在加强学术交流的同时,也通过这样的平台来宣传西大。同时,我们提倡多走出去,多与其他学校交流。长期以来,受西大自身的风格所致,西大人并不善于"走动",目前,这方面有了一定的改善。

其次,我们要把自身的特色凝练好,包括人才培养、科学研究、学科建设等,同时还要有标志性的成果,要占领学术的高峰,增强核心竞争力,只有这样才能更好地促进学校以及学科间的宣传与交流。

第三,在治学和管理上,要善于学习、善于比较,不能片面地认为自己有诸多辉煌成就,别人就应该给我们什么。这种比较既要有横向又要有纵向,横向比较就是与同等类型的高水平大学比较,学习其先进的办学理念和办学思想,纵向比较就是善于比较过去现在和未来,发现问题,制定切合实际、可行的发展规划。

学科建设要有所为有所不为

记者:作为一所综合性大学,西北大学在文理专业中均有一些优势的专业,比如地质、经管、史学、文学等。但同样有一些专业还需要进一步发展。您认为如何才能在保持优势专业的同时,做到各个专业间的均衡发展?

乔学光:对于学科发展的问题,我们还是应该明确一点:任何一所高水平的院校都不可能做到各个学科绝对平均发展,每所学校都会在某个领域发挥自身的特长,"横看成岭侧成峰,远近高低各不同",这是一种自然规律。

这些年来,西北大学也一直坚持非均衡的发展,从而使资源可以更好地集中起来,这也促进了如地质等专业达到了今天的位置。但我们也一直在坚持这样的理念:西北大学作为一所综合性大学,还需要做到文、理、工并重。特别是急需要加强文理的发展,工科可以通过文理去带动。而在学校的规划中，也十分明确地提出了坚持综合性特色不变的方针。

当然，文、理、工并重不是指所有的专业都"差不多"，而是要在其中建立具有代表性、标志性的学科，凝练有特色、高水平的研究方向，坚持有所为有所不为，重点扶植优势专业，带动辐射其他专业。

在大的学科集群中，我们还是坚持数理化、文史哲、经管法等协调发展，要让每个学科里都有一些标志性的东西出来，否则综合性的大学就立不稳。其实，如果仔细分析一下，在这方面我们还是有基础的，如果我们将其利用好，也还是有一些突破性的东西的。而当我们将这些优势学科进行重点扶植，并通过这样的优势学科带动辐射其他学科时，我们"综合性大学"的定位就比较稳固了。

纵观国内外高校，的确有些高校在一两个大的学科类型上有优势，学校也能发展得很好。但我们不能忘记，西北大学是综合性大学，这是我们制定学科发展规划的立足点。

记者：您似乎非常看重西北大学的综合性特质，也一直在努力维护这种特质。

乔学光：我认为这是非常重要的。西北大学最典型的特色便是综合性大学，这不是承认不承认的问题，而是从西大建校之初便是如此，而且如此完整、历史如此悠久的综合性大学在西部地区也不多见。所以西北大学的学科建设就是要围绕"综合性"这一学科优势进行。西北大学的问题不是建不建综合性大学，而是如何建一所高水平综合性大学，如果西大的校长把握不住这样一个原则，他也许可以在其他学校当好校长，但在西大就不会称职。

作为综合性大学，特别是高水平的综合性大学，必须要有高水平的文科、高水平的理科、高水平的工科。三者缺一便不符合高水平综合性大学的要求。著名学者、中科院院士杨叔子曾说过："没有一流的文科就没有一流的理科,没有一流的理科就没有一流的工科。"这在一定程度上说明了文科在整个学科结构中的重要性,有了一流的文科、一流的理科,工科便有了一个基础,所以"文、理、工平衡有序发展"的定位在西北大学必须继续坚持。

记者:在西北大学,大师级的人物层出不穷。毋庸置疑,这些大师为西大的学术发展发挥了极其重要的作用,但除此之外,您认为他们还给西大带来了什么?

乔学光:除了学术影响之外,我认为西大大师级的人物所产生的最大影响是对学生的影响,而且这种影响贯穿于学生从入学教育到毕业的全过程。我曾经跟学院的院长们说,老先生们就是西北大学在学术研究方面的标杆,不要过分地看重这些人每年挣回多少科研经费,拿回多少奖。他们更重要的作用在于让年轻的学生从大一进校就知道,在大学里要怎样去做学问,这就起到了一个旗帜的作用。除了学生之外,也要让新来的年轻老师知道,不能刚到学校就盲目地要科研项目,而是要向这些老先生一样,要在冷板凳上沉下身子坐得住,才能取得最后的成果。只要能做到这一点,老先生们的作用就发挥得非常好了,而且比拿回多少万的项目所产生的效益还要大得多。

作为一所高水平综合性大学,在人才培养上也要坚持分层次、分类定位。在目前高等教育大众化发展背景下,大学生在校学的课程太多,要求也太普适,不利于创新型人才培养,不利于科学家人才培养。每个学科,应有几门基础课,专业基础课让学生学深一些,学透一些,授课时数要保证。如,物理类学科的学生,"四大力学"和实验实践能力是基础,应有足够的授课时数来打好基础。在大众化教育的背景下,也要有精英式人才培养的计划、方案,使学校真正成为创新人才培养的基地、科学家的摇篮！

书记与校长应分工配合

记者：在担任西北大学校长之前，您曾经长期在西安石油大学工作，并曾担任该校的党委书记，从党委书记到校长，您认为两者的最大不同在哪里？

乔学光：党委书记和校长在治学的总体目标上是一致的，比如人才培养、学科建设、学校的发展目标、定位都是学校党委和行政的大事。但在具体分工上，党委书记坚持的是党的民主建设和民主制度，思考的是如何站在培养质量特色水平的角度上去考虑学校发展的问题，把握方向性的问题，全面贯彻党的教育方针。站在全局的角度，把握好安全稳定是头等大事。

校长则主要行使行政的职权，要按照高等教育法行使权力。当前国内高校的体制是党委领导下的校长负责制，因此校长要尊重并服从党委的集体领导，要不折不扣地执行党委集体定下来的政策。要更多地关注教学、科研、人才队伍、学科建设、后勤管理等具体问题。

在高校中，校长与书记的分工配合是十分重要的，而要确保两者的分工合作，除了要有一定的制度保障之外，还要看人的素质。人的素质高了，就能够把一些事情处理好，就能看得更远一些，校长与书记配合的默契程度对于学校整体的发展至关重要。

北京科技大学校长徐金梧：

依托行业优势　培养创新人才

陆　琦　崔雪芹

徐金梧简介：北京科技大学校长。1976 年毕业于北京钢铁学院机械系，1981 年获硕士学位。1988 年获德国亚琛工业大学机械学院工学博士学位。主要从事设备状态监测、信号处理、模式识别理论与方法、图像分析等领域研究。在基于网络的远程诊断系统，带钢表面缺陷监测系统等方面取得一系列成果，并将非线性时间序列分析方法引入到信号处理和模式识别。这些研究成果已广泛应用于工业实际。

"我仍然认为自己是一名'机械人'。"机械专业出身、当了5年北京科技大学校长的徐金梧,到现在仍一直坚持给学生上课,他接受记者采访时说:"这一方面履行了我作为教授的职责;另一方面也可更直接地了解学校教学中存在的问题和学生们的需求。"

处其实,不居其华。这是徐金梧留给记者的最深刻的印象,相信也是北科大人的共同特质。徐金梧说:"我希望北科大的学生都能够认真做人,踏实做事,革故鼎新,求实崇真,成为探索真理和捍卫真理的先锋。"

"学校要有影响力,就一定要有特色"

记者:北京科技大学的建设目标是成为"国内一流、国际知名的高水平研究型大学"。这也是国内很多高校的发展目标。相比其他学校,北科大有哪些自己的特色? 作为校长,您对于学校的全局发展采取了什么思路和理念?

徐金梧:建设高水平研究型大学,其内涵就是结合高校自身发展,在办学过程中保持特色。可以说,在新形势下,能不能自觉坚持以优势和特色取胜,做到人才培养的高质量、科学研究的高水平、社会服务的高效益,决定着学校发展的前途与命运。

经过半个多世纪的建设与发展,北京科技大学的办学实力和办学水平已经有了明显提升,社会影响力和知名度有了显著增强,各项事业取得了长足发展。按照学校的总体发展战略规划,学校正处于为"建设高水平研究型大学"这一发展目标奠定坚实基础的阶段,首要的任务就是抓住人才这个竞争的根本,强化核心竞争力,努力打造和保持自身的特色和优势,实现异峰突起。

一所学校在一段时间内能够利用的资源是有限的,有限的资源只能用于有限的目标,盲目地提升办学层次和办学规模就会稀释办学资源,从而失去办学特色。不同类型、不同层次的学校都可以通过不懈的努力,办出自己的特色和优势。要办出特色,尤其要注重学科的特色建设和办学理念的特色建设。

建校 50 多年来,北京科技大学逐步形成了"学风严谨,崇尚实践"的优良传统,在冶金、材料、矿业、机械等领域的 12 个全国重点学科学术水平蜚声中外,学校坚持规模和效益、数量和质量、内涵和外延、结构和功能等方面均衡协同发展,坚持走"特色化、精品化、国际化"办学之路,重点突出"人才强校,特色兴校"战略,确保赢得发展的主动权,从根本上推动学校总体目标的最终实现。

记者:作为具有鲜明行业背景的高校,随着国家需求和行业发展形势的不断变革,北科大在办学过程中存在哪些优势和障碍?

徐金梧:北京科技大学原隶属于冶金工业部,1998 年划转为教育部直属高校。划归后的两三年,学校非常迷茫,不断反思行业性高校和非行业性高校之间的差异,寻找学校的发展方向。

北京科技大学作为一所行业性高校在相关学科的设置上具有明显优势,如冶金工程、矿业工程、材料科学与工程等专业。但与此同时,学科分布窄是学校发展的瓶颈。学校在学科设置上呈现出"葫芦状",中间学科薄弱,学校科研主要为了行业需求所展开,行业外的研究比较薄弱,相对于基础研究来说更注重工程化研究。这些也是行业性大学普遍存在的问题。

一方面,有计划有步骤地把材料、冶金等优势、特色学科领域

219

进一步做强做大,催生一批国际前沿水平的原创性科研成果,保持并凸显学校的优势和特色。同时,通过强势学科带动基础学科和新兴学科,筛选并培育一些新的学科方向,例如纳米技术、新能源技术、高分子材料等。纳米技术主要依托于材料学科、信息学科、机械学科,主要发展纳米技术的微加工、微传感技术,形成交叉学科,整合学科优势,衍生新兴学科;新能源技术主要依托于全国重点学科热能工程,整合机械、材料等相关学科,解决新能源的转化、节能等问题。

学校将进一步根据新兴产业的发展趋势,主动适应国民经济和社会发展需要,以特色学科建设为龙头,积极寻找学科建设新的增长点和新的发展方向,通过不同学科之间的交叉融合,形成若干具有发展潜力的学科群,打造若干具有综合功能的学科建设平台,构筑若干具有较高水平的特色学科高地,实现学校的优势学科从国内领先水平到国际先进水平的转变,从学科的孤立发展向交叉学科协同发展的转变,从而全面提升学校办学层次和水平。

记者:针对北科大的特点,您认为如何把学校办得更有影响力?

徐金梧:判断一所学校是否具有影响力的标准应该客观地评价。如果学科众多而不具备有特色、有影响力的学科,那么学校也不会具有很大的影响力;如果学科过于狭窄,学校也很难获得较大的发展。具备较好的学科群,在其基础上有一些在国际、国内独具特色的学科,这样的学校才会更具影响力。

学校要有影响力,一定要有特色。50多年来,北科大一直保持了自己的特色,根据时代发展需要,学校也正在制定长远规划,不过绝不会是没有计划、超过自身实力盲目地扩张。

"中国的大学需要批判精神"

记者：建校 50 多年来，北科大逐步形成了"学风严谨，崇尚实践"的优良传统。学校实践教育的目标是什么？在实践教育方面有哪些经验和成果？

徐金梧：实践是创新的基础，只有在实践中才能真正感悟科学的真谛。我在德国念书时，也是在一所很好的工科学校。当时，我就有一个对比——德国的工科学校更重视学生的实践能力。有人问我，大学是不是要培养学生的技能，我说这是不对的，大学应当启迪学生的智慧，在这个过程中，来培养学生的技能。

崇尚实践是北京科技大学的优良传统。长期以来，学校的本科生实习包括三个阶段：认识实习、生产实习、毕业实习，这些实习大部分需要实地操作，长时间进入企业了解生产流程。

近年来，为了强化校内实习基地的建设，成立了科学实验中心，主要面向化学、物理、电子专业的学生；成立了工程训练中心，主要面向机电等相关专业的学生，鼓励学生大胆想、大胆做。

与此同时，学校组织了一系列的相关竞赛，比如全国大学生机器人电视大赛就是学校组织参加的一项传统赛事，在 6 次比赛中北科大得了 2 次冠军、2 次亚军、1 次季军；2009 年在学校举行的全国大学生智能汽车竞赛也吸引了数百名学生参加。这些竞赛培养了学生的创新能力、动手能力以及团队精神。

值得一提的是，学校每年为本科生的创新项目提供 200 万元经费，经过学校审批合格的项目能获得几千到几万元不等的经费支持，为培养学生的创新精神和创新理念提供了一个很好的平台。

记者：目前高校"重课堂教学、轻实践教学"的现象依然严重。

您是如何看待这个问题的？如何才能使教育与科技创新更好地结合？

徐金梧：中国几千年受儒家文化的影响很深，科举制度的沿袭使得以课堂教学为主的教学方式流传下来，这种教学方法不能完全否定，青少年在小学、初中时期采用这种教学方法是比较适合的。学生需要早期的严格训练来学习现有的知识。

但到大学阶段，就不能再以课堂教学作为唯一的教学手段。课堂教学很难有创新，教师时常将知识揉碎后传授给学生，在知识的完备性方面讲得非常充足，但是缺少理性批判和敢于怀疑的精神。大学的课堂教学应该更倾向于探讨知识的不完备性，培养学生探索未知的兴趣。

中国很多学生缺少从实践中发现问题、探索未知的理念，他们的思维停留在证明前人是对的，很少有人提出前人的不足。钱学森的老师冯·卡门曾感叹：中国学生非常聪明，善于用前人的知识，重复前人已做过的试验；德国学生则不然，认为前人的知识不一定正确，虽然看上去走了许多弯路，但是许多发明就是从对前人的否定开始，在不断的试验中发现问题。

中国大学的文化有传统、保守的一面，更应当有批判、创新的一面。中国的学生更多的是善于继承，善于归纳知识，但不善于分析和创新，这是中国大学应当解决的问题。只有从根本上、在原理上创新，寻找前人思路上的"岔路口"，才能具有比前人更高的视野，才能有新的发现和创新。

要使教育与科技创新更好地结合，首先，应该加强实践教育，培养学生的观察力、思辨力，鼓励学生探索未知世界。有一句话，中国学生的理性思维远远大于感性思维。中国学生的思维方式是基于一种定势、基于有秩序的思维。在创新过程中，往往需要批判的思维,需要很多感性的思维来提出新的想法。创新需要一种感性的思维。

第二,在改革教学内容和方式上,要引入世界优质的教育资源,运用先进的教学手段。

第三,要构建产学研办学体系,让学生了解国家重大需求和学科前沿。中国的很多学生对国家的需求尤其是学科的前沿,了解还非常肤浅。另外,要加强通识教育和个性化的教育,提升学生的综合素质。

第四,要加强师资队伍的建设。要加速青年教师和学术带头人的培养,造就新生代的学术大师。同时要改变重科研轻教学的倾向,要求教授回归讲台,回归教学。国外的教授必须上讲台,而中国的很多教授都不是在教学,更多的是在搞科研。在这一点上,我们应当说是有问题的。另外,要扩大师资队伍的数量,保证教学的质量。

最后,要构建多元化的办学模式,形成不同类型的办学层次,避免盲目提升学校的办学层次,提升教育资源的利用率。要明确各学校的办学定位,走特色强校之路,避免办学模式的趋同化。

记者:北科大被誉为"钢铁摇篮",毕业生中已有不少人成为冶金、材料工业的栋梁和骨干。就您了解的情况,目前我国培养的工科类大学生能否适应社会发展对创新型人才的要求?北科大的情况如何?

徐金梧:培养人才是一个长期的过程,需要 10～20 年的时间才能看出某人是否具有创新意识和创新能力。不是所有的人都具有创新能力,社会也不需要所有的人都具备这样的能力,5% 的人具有良好的创新能力就能够带动社会的发展。

对学生创新能力的培养,重要的是给予其机会。近几年我们作了一些探索,每年选出 60 名新生组成理科试验班,运用新的教学方法,前两年强化基础,两年后学生可以按照自己的兴趣自由选择专业。学校对于其中有培养前途的学生,提供进一步培养深造的机会。这样,学校可以按不同类型、不同层面、不同要求来培养不同学生,以满足社会的不同需求。大学的人才培养应该多样化、多极化、个性化。

这几年,学校进一步创新人才培养模式,提倡本科生进实验室,接触科研项目。在校内建立了一批工程训练中心、科学实验中心及专业实验室;与企业合作建立了一些创新基地,高年级本科生、研究生都可以去基地实习。

此外,以校企共建研究生工作站、双导师制的模式对工程硕士和统招研究生进行联合培养。目前,学校已分别在宝钢、鞍钢、首钢、邯钢等企业建立了近 20 个研究生工作站,每年选派近百名研究生到企业进行论文选题和科学研究工作。此种人才培养模式,实现了学校与企业人才的"无缝对接",学生通过在生产一线进行现场实践和科学研究,增强了创新精神和实践动手能力,并切实为企业科技创新解决了一些关键问题。企业也以这种方式更好地了解学生,有助于学生的顺利就业。

"源于企业、高于企业、先于企业"

记者:高校不仅应成为创新人才培养的主渠道以及基础研究和高技术领域原始创新的主力军,而且要在以企业为主体、市场为导向、产学研相结合的技术创新体系的建设中发挥积极的作用。在您看来,高校科研如何走出"象牙塔",如何与企业联合,真正提高企业的自主创新能力?

徐金梧：加强与企业的合作，不仅可以有效地弥补学校科研经费的不足，还会对学校的各项工作产生深远的影响。

作为行业性高校，北科大非常重视校企合作，主要通过以下几个途径：一是利用国家科研基地将学校的成果工程化后转化至企业。例如北科大冶金工程研究院，与企业的合作非常密切，它能够将学校的前沿技术快速工程化并转移到企业，2008 年该院科技开发项目达 4.5 亿元。

二是提出"源于企业、高于企业、先于企业"的思想，即学科需求来自行业需求，研究方向要高于企业的研发中心，考虑问题要先于企业的思考。

过去我们的教授习惯自己选题搞科研，然后把研究成果"推销"到企业中去。有的成果技术水平并不低，而且成果鉴定了、专利也申请了，但由于企业不感兴趣，这些成果还是被"束之高阁"了。但是如果倒过来，先了解企业需要什么，然后再立项搞科研，这样搞出的成果转化率就高。企业做不了的我们能做，要引领企业，这样才能变被动型服务为主动型引领。

此外，要实现科研组织形式的转变。即原来以教授个体为主和企业合作的模式，现在要转变为以多学科、多学术团队为主体的科研合作模式，从而提升学校承接重大科研项目的能力。当企业遇到较复杂的技术难题时，一个人解决不了的可以多人，一个学科解决不了的可以联合攻关，单项技术解决不了的可以搞技术集成，这样有利于发挥大学的多学科优势，有利于学科交叉融合和技术创新，有利于把合作项目做好、做大、做强。

要实现人才培养模式的转变。我们原来的研究生培养过多局限在实验室，"师弟"跟着"师兄"走，选题重复的几率很大，这种培养方式难以满足高层次人才培养和学生就业的需求。北科大目前在企业建立了几十个研究生教育科研基地和本科生实践、实习基地。指导老师由企业和学校共同参与,研究方向由学校和企业共同制定,既有效避免了学生培养的"空心化",又便于企业和学生进行双向选择,为学生就业创造了条件。

西安交通大学校长郑南宁：

一流大学更应重视学生思想培育

陈　彬　崔雪芹

郑南宁简介：西安交通大学校长、中国工程院院士。1952 年生于江苏省南京市，曾在陕西省农村插队。1975 年毕业于西安交通大学电机工程系；1981 年获西安交通大学工学硕士学位；1985 年获日本庆应大学博士学位；1999 年当选中国工程院院士。长期从事模式识别与智能系统、计算机视觉与图像处理等领域的科研与教学工作。曾获"全国优秀教师"、"何梁何利科学技术进步奖"等。

　　第一次见到西安交通大学校长郑南宁教授，恰逢该校举行新生开学典礼。当时，尽管他腿上受伤打着绷带，行动十分不便，但还是与记者交流了自己的办学理念和很多体会，并坐着轮椅参加了整个仪式。他的儒雅、谦和与直爽给记者留下了深刻的印象。

　　从 2003 年担任西安交通大学校长至今，郑南宁一直是学生和老师眼中的"亲民校长"，他秉持"以育人为中心"的理念也一直没有改变。在郑南宁的主持下，近几年西安交大采取了一系列改革措施。2006 年，该校正式实施"书院制"改革并取得成功，在国内高教界产生了巨大反响。在由"中国大学评价"课题组评选的 2009 年"中国大学排行榜"中，西安交大再次位居前列，并在西部众多高校中名列第一。

优良传统成就交大辉煌

　　记者：1956 年，西安交通大学的前身交通大学的主体由上海迁往西安，经过半个多世纪的发展，如今的西安交通大学已经在西部乃至全国的大学中名列前茅。作为校长，您认为西安交大能够取得如此成绩，最重要的原因是什么？

　　郑南宁：交通大学迁到西安的部分在 1959 年正式定名为西安交通大学，留在上海的一部分定名为上海交通大学。西安交通大学扎根西部之所以能保持一种持续发展的劲头，我觉得其中一个重要原因就在于它继承和发扬了老交大的优良传统。

交通大学于1896年创建于上海,当时适逢洋务运动,"实业救中国"的思想在中国广泛传播。同时,国人刚刚经历了甲午海战的失败,一些知识分子认为中国的落后在于工业不发达,而工业的发达则在于人才,交通大学的前身——南洋公学正是在这样的背景下建立的。

这样的历史背景也就形成了交通大学优良的传统文化。在之后的办学过程中,交大出现了一些很优秀的校长,一代代把交大的传统发扬光大,这也是交大能发展到如此水平的重要原因。

同时,交大的发展也离不开国家的支持,离不开师生的奋斗和贡献,交通大学的西迁是在周恩来总理的亲自关怀指导下进行的。

从一座国际知名的大都市搬迁到当时经济还欠发达的西安,环境的巨大反差确实导致了校内出现一些不同意见,但当时交大的绝大部分师生和以老校长彭康为代表的党委却坚定支持国家决定,很多知名学者随学校迁到这里,作为交通大学知名的校友钱学森学长,当时他刚回国不久,还专门写信给彭康校长对交通大学的西迁表示极大的支持和关心。

应该说,西安交大在西部50多年发展过程中,无论是在科学研究、人才培养还是在服务社会上,为国家所作出的贡献比迁校前60年间要大得多。

学校制度需适应自身特点

记者:西安交通大学是国内高校中,少数几家实行书院制的大学,也是在这方面做得很成功的一所大学,这一做法也给国内高教界带来了很多启示,您认为书院制给学校的发展带来了什么?

郑南宁:2006年9月,西安交大以学生公寓为生活社区,成立了彭康书院,3200 多名不同专业的新生,以班级为单位统一进入这个书院,同学们在书院里自我管理、互相交流、共同成长。

简单地说,书院制是将学生睡觉的地方改变为对学生进行思想道德教育和行为养成的大学生活的重要场所。目前,西安交大已经设立了 8 个书院,在全体本科生中实行书院制。实事求是地讲,我们的书院制正在摸索中,一些工作离我们的愿望还有相当差距,需要进一步建设和完善。

此前,本科新生入学后都是直接由学生处和所在的学院进行宿舍的分配和管理,学院里有专职的辅导员老师负责对本科生进行日常管理。然而这种管理往往有一种管制教育的色彩,有时要花许多精力应对校园的突发事件,大家戏称为"消防队"。这种方式不能体现本科生的特殊性。

西安交大设立的书院是本科学生社区的一种新形式,是本科生教育的"第二课堂"。学生在本科期间不仅是专业学院的学生,同时也是书院的学生和主人,参与书院的自主管理;各个专业学院的老师可以学业老师的身份参与到书院育人的工作中。在书院里老师与学生之间是一种亦师亦友的关系,共同分享同学们的大学生活。书院倡导的是一种文化,用爱心和善意引导大学生,帮助他们树立远大的理想和抱负,抵制社会上的各种诱惑。

在谈论这一制度的优点之前,我必须首先强调:西交交大的书院制并不具备复制性,它不能完全被复制到其他学校去。至于书院给学校带来了哪些好处? 我可以举两个实际例子:

第一,在学生的学习成绩方面,建立书院以前,有的学院本科一年级学生的不及格率可能达到百分之二十几,现在这些学院一年级学生的不及格率已经降到百分之十几甚至百分之几。

第二,2009 年西安地区出现了甲型 H1N1 流感病例,交大也出现了感染的病例,但之后没有出现更多的大面积二次传染现象,这也是书院制在其中发挥了重要作用,现在冬季来临,我们要更好地发挥书院对"甲流"的防控作用,积极应对有可能出现的更为严重的流感疫情。书院的老师们普遍认为,书院制让学校更好地关心学生,学生的社区也有一定组织,当出现社会突发事件时,学校也能够从容应对。

记者: 应该说,提高学生成绩和应对突发事件是每所高校都必须面对的问题,既然书院制在这两方面都有很好的效果,您为什么还要强调它不具有普遍性呢?

郑南宁: 这就像一棵大树,结出什么果实是和树本身有密切关系,各所高校的传统和文化不一样。一些高校在某项工作上做出了特色,常常成为一种"典型",其他学校原样复制到自己学校,结果却是水土不服。

也曾有其他高校来交大考察书院制,回去后也做过相关的工作,但一些学校却没有成果,原因就在于学校的文化和体制、师生对书院制的理解程度、校领导推行书院制的决心有很多不同。

不同学校有不同的特点,学校制度必须与其相适应,才会有创新和自己的特色。

交给家长和社会健康的孩子

记者: 在担任西安交大校长之初,您就提出了"以育人为中心"的办学理念,并在学校进行了多项大胆改革。目前,"大学的本职任务是育人"的理念已经越来越多地为人们所认同,在这样的背景下,我们是否可以认为,这一理念已经成为国内高校的共识?

郑南宁：这是我们众多大学的一个共识。

从宏观角度来看，社会的发展和人类的进步是靠大学培养出的一代代大学生，现代学生的价值观如何，很大程度上决定了未来社会的价值趋向。从这个意义上讲，人才培养承担着从根本上推动社会发展的任务，大学则负责了其中非常重要的阶段。大学阶段对于每个年轻人而言，是一个思想启蒙的时期，大学的教育更要注重对学生的培养，这不仅包括知识的传授，还有对他们价值观的培养。

记者：您曾说过这样一句话：一般的学校要把书教好，好的学校还要注重培养人的观念思想，而优秀的学校则还要重视培养学生的体育精神。您为何将"体育精神"放在如此重要的地位？

郑南宁：人需要一种精神，人的精神也需要一个载体。老一辈教育家曾教导我们：锻炼好身体，为国家人民健康工作50年。除此之外，培养体育精神的另一层意义是：通过体育锻炼，能够增强人的竞争意识、团队意识和不怕困难的精神。促进人和客观世界、大自然的接触，这对于一个青年，尤其对于大学阶段青年心智行为的养成非常重要。

我们要加强对学生体育精神的培养，体育运动的参加不应仅仅局限于体育课，而是要改变单一的体育课形式，将重点放在体育社团的组织上，要让每一位有条件的大学生，都要参加一到两个体育社团，体育部的老师除了承担体育课教学外，还要根据其专业特长，作为教练到学生体育社团中，指导学生的体育运动。

大学生本科毕业后，我们要交给家长和社会一个自立自强、健康向上的孩子。在有些问题上，我们往往把一些目标性的愿望看成我们培养的过程，这就出现了误区。大学无疑要培养接班人，但是大学首先要培养合格的公民。

学生要有一种抱负、理想和社会责任感，一些学生立志要做各行各业的领袖人物，对于这样的学生，我们应该为他们创造成长的机会，但对广大的学生，我们首先要保证他们走出学校时，是一个合格、健康的公民，这是更重要的。

一流大学是后人传诵的故事

记者：在西安交大的网页上，我们看到学校的愿景是：在人才培养、科学研究和社会服务方面保持领先，创造卓越成就，到21世纪中叶，把西安交通大学建设成为大师名流荟萃、莘莘学子神往、栋梁之材辈出的世界一流研究型大学。作为校长，您是如何理解"世界一流研究型大学"的？

郑南宁：目前国家非常重视高等教育发展，而中国的不断强大，也需要一流高等教育的支撑。所以在面对国家需求的时候，我们需要为建设具有中国特色的世界一流研究型大学而努力。

至于我对一流大学的理解，简单归结起来有两点：第一，这所学校是否能够吸引最优秀的高中生和在世界范围内吸引最优秀的师资；第二，这所大学是否能够培养出杰出人才，并使全体师生，包括校友们都感到满意的大学。如果做到了这两点，它就能成为一流的大学。

我认为在一流大学的标准问题上，由于每所学校的规模、特点不同，特色各异，仅仅用一些量化的数据无法比较出学校的水平。大学要培养最优秀的人，这是最根本的任务。老百姓并不关心一所大学发表了多少论文，产生了多少成果，他们更多地关心这所学校培养了多少杰出人才。其实一流大学往往存在于后人传诵的故事中，一所学校有了历久弥新的故事，这所学校就有名了。

记者：目前很多学校把注意力更多地放在出论文，出科研成果，甚至出诺贝尔奖获得者上，但您似乎对这些看得不是很重。为什么？

郑南宁：大学需要产生真才实学的论文和科研成果，来推动社会科技的进步，但不应把它看作大学唯一的根本任务。随着时代的进步，社会的发展，许多学术研究成果最终慢慢会被后人遗忘，但大学所培养出来的杰出人才，将永远留在人类历史发展的长河中。

在高校中，人才培养是根本任务，而科学研究和社会服务是高等教育延伸出来的功能，近一百年来，高等教育延伸到社会发展的各个层面，社会对高校的科学研究和社会服务提出了更多的需求，这为人才培养提供了更广阔的空间，但它毕竟不是大学的根本任务和目标。过去我们经常讲高校的三大任务，就是将它们等同化了，这就导致了学校工作的重心出现问题，而科学研究在大学里往往又很强势，那就更容易使本科教育出现边缘化的现象。

另外，我们还有一种误区，我把它归结成一种片面的教育观，即什么事情都要归结到培养学生的创新能力。建设创新型国家是我们的目标，这毋庸置疑。但把培养每个人的创新能力，作为从小学到大学的每一个教育环节都要抓的重点，则物极必反。大学教育依然是学生的启蒙阶段，我们更应该重视培养学生的独立思考精神和人文关怀。作为一名"全人"，道德观和价值观的教育更加重要。

我认为，中国的大学还承担着一项非常重要的任务：要让我们的价值观被世界其他民族、其他国家所认同。

一流大学，不仅要为国家的科技创新作贡献，更要为国家的软实力作贡献，其基础便是培育人的思想。创新能力的培养固然重要,但我们不能忽视对学生道德情操、价值观的教育。

办学自主权非主要矛盾

记者:作为西安交通大学的校长,您同时在扮演着"管理"与"科研"的双重角色,您是如何平衡这两者的关系的,您更看重哪个角色?

郑南宁:首先,我是大学校长,我就必须先把大学管理好,这是我的责任,做科研、带学生更多的是我长期以来形成的一种习惯,这已经成为我生活的一部分,我需要和学生见面,因为看到学生,我就会感到亲切,同时也能体会到一种责任感。只要在学校,我都会抽一些时间到学生中去,但在时间和精力的分配上,我首先要把学校的工作做好。

目前在高校中,对大学的管理体制有一些看法和意见,认为国内高校自主权不够大。我认为办学自主权不是当前高等教育发展的主要矛盾,与国外大学相比,我们在人才培养等工作中的自主权其实是很大的。以西安交大为例,我们的教育教学改革是自己搞的、书院制是自己搞的、体育精神培养也要自己去摸索,在具体的工作中,如招生专业人数计划和自主招生方式的制定、教学组织和课程建设、学科发展和社会服务、校园规划等工作,教育部并没有给我们发文具体规定我们这样能做,那样不能做。

但在其他地区,比如香港的大学,增加学生宿舍的一个床位都要经大学拨款委员会同意。两相对比,我们在人才培养工作中的自主权的空间其实是很大的。

当然,大学的工作需要依法开展和规范管理,一些重要的事项需要集体决策,同时也需要接受国家主管部门的指导和社会公众的监督,如招生过程、学费收取等。在一些个别领域,比如财和物的管理、重大工程建设经费使用上,我甚至觉得还需要更加严格地接受上级部门的管理和监督,更加规范化,国家的钱、百姓的税一定要用好。

包括对党委领导下的校长负责制的评价,我认为根据《高等教育法》还需进一步加强和改进大学党委的集体领导,因为这是我们的国情和社会制度所决定的。中国大学承担了太多的责任,如果要校长一个人承担无限责任,没有一个好的领导集体,相信不会取得很好的效果。

我认为面对中国的高等教育,尽管管理体制和办学自主权有进一步改进和完善的空间,但大学校长首先要清醒,这需要我们与政府主管部门共同努力,不要老是埋怨教育部管得太死。

大学内部管理出现的不能以人为本的行政化官本位作风、学术浮躁和学术腐败现象、一些不符合教育规律的做法和行为,还有近年来一些高校出现的贪污受贿案例,这些问题引起了社会公众对高等教育的质疑,对这些问题如果没有清醒的认识,不去认真解决,我们就无法回应社会对人才培养的根本诉求,大学领导者的确需要深刻反思大学自身的管理和责任。

附录　大学再造与教育家校长

华中科技大学教育科学研究院副院长　别敦荣

北京大学是幸运的,因为蔡元培选择了北大,成就了北大。尽管我们不能将北大的成功全部归因于蔡元培,但他塑造了北大的灵魂,令人在追溯北大的发展、展望北大的前景时都要不容置疑地重温他的教育思想和治校方略。可以说,是蔡元培再造了北大,也可以说,是北大为蔡元培实现其教育理念提供了舞台。中国不只有北大,还有其他大学。在蔡元培时代,中国大学数量有限,舞台狭小,所以,他又是幸运的,获得了执掌北大的机会。

今天的中国,高等教育已经达到历史的鼎盛时期,大学数以千计,舞台宽阔、机会良多,数千校长幸运地得到了施展高等教育抱负的良机。《科学时报·大学周刊》选择部分大学校长,与他们进行对话,不仅为校长们提供了一个交流教育志向和办学理想的平台,而且为公众认识大学校长、了解其教育思想、评判其治校之道提供了一个渠道。大学校长之间需要对话,校长与公众之间也需要对话,这不仅是大学再造的需要,而且是教育家校长成长的需要,在我国这一点显得尤为重要。

大学再造呼唤教育家校长

蔡元培时代是一个大学再造的时代,当时的大学开始自觉从封建的办学模式转变为现代的办学模式。包括蔡元培在内的一批校长适应了时代的潮流,引领北大和其他一批大学实现了向现代模式的转型。蔡元培不是孤立的,北大也不是独有的,当时"蔡元培们"是一批校长,蔡元培是他们的代表,北大则是大江南北众多大学的缩影。一批教育家校长与一个时代的大学再造构成了当时高等教育一幅亮丽的图景。

大学再造需要有教育家校长。在我国,大学校长不只是一位行政管理者,他的职责和使命不只是维持大学的正常运转,在人们的心目中,校长还需要有自己的教育思想,要能够领导师生员工开拓大学发展的新局面,促进大学上台阶上水平。因此,校长既是大学的权力中心,又是大学的精神寄托。在大学变革的时代,校长的作用尤其显著。

改革开放30多年来,我国大学完成了一系列重大变革,基本形成了一套新的运行机制。但客观地说,变革还没有完成,现有的改革实现了大学由简单化地为政治服务向为经济社会和人才培养服务的转变,扭转了政治工作是大学的中心工作的局面,大学自身的特性和作为学术机构的本质开始得到承认,与30多年前相比,大学有了一个全面的变化。

但作为学术机构,大学应当如何办学?这是当今时代大学面临的核心问题。要回答这个问题,并在大学办学中解决这个问题,其难度不亚于前一个时期的工作。从某种意义上讲,前30年大学所发生的变革主要是由社会形势变化所决定的,尽管大学校长们发挥了重要的推动作用,但如果没有客观环境的变化,大学改革开放的局面是不可能出现的。

对大学而言,当今时代的变革要求更具意义。遵照学术机构的本质来办大学,意味着大学要从根本上进行一场重大革命。从现代大学100余年的历史来看,这场革命与蔡元培时代的大学再造具有相似性。80 年前教育家校长的英雄图谱是我国大学发展的宝贵精神财富，他们顺应时势，成就了我国现代大学的第一轮辉煌局面。北京大学教授韩水法曾经发表一篇很有见地的文章，篇名就叫《世上已无蔡元培》。不过，在我看来，并非世上已无蔡元培，而是当时产生蔡元培式的教育家校长的环境不具备、时机还不成熟。显然，从 20 世纪 50 年代到现在，要出现蔡元培式的教育家校长确乎是不可能的。

但今天的时代已然与过去大不相同，大学成为教育家校长施展自己教育抱负的舞台。今天，有理想、有才华的校长是幸运的，大学的根本性变革需要教育家校长大有作为。

教育家校长成长的土壤

曾经有校长问我，教育家校长的出现需要什么条件？我的回答是，除了校长个人应当具备的条件外，还应当有适宜的土壤。适宜的土壤就是社会环境，如果社会环境不适宜，教育家校长是成长不起来的。

抗日战争期间，虽然前一个时期的很多教育家校长们仍然在主持大学行政，但由于他们的主要任务已经转变为在艰难困苦中维持大学运行，保留民族科学文化的命脉，能够维持大学的办学已经十分不易，所以，这个时期鲜有校长因为大学成就卓著而成为知名校长。

"文化大革命"中，政治的影响日益深入，大学成为政治的附庸，丧失了作为学术机构应有的性质，在这样的环境下，大学既不需要教育家校长，也不可能出现教育家校长。改革开放以来，百废待兴，政治日益开明，政治与教育的分野逐步得到承认，大学办学逐渐回复正轨,社会环境越来越有利于大学遵循学术机构的要求运行。

社会对大学的期望决定大学的成就,也决定大学的办学方式,实际上也决定校长的作为。在今天的社会,政治、经济、文化的界限已经从以往一片混沌中逐渐变得清晰起来,三者各归于其本位发挥其应有的社会作用。三者之间的交叉沟通逐渐修筑起比较理性的渠道,而不再像以往那样将经济和文化全面政治化。

大学归于社会文化部门,其使命是造就高级专门人才,传承人类文化与文明,发展文化科学技术,促进社会文明进步。这是社会对大学的期望,尽管这一期望是亘古不变的,但在有的历史时期,它却被遮蔽、被人为地搁置一旁而不予理睬了。这不仅是大学的悲哀,也是社会的悲哀!

社会对人才培养和文化科学发展的需求从来没有像今天这样迫切,对大学的期望从来没有像今天这么高、这么强烈。社会不再以大学是否在政治上激进作为评价办学的标准,这是一种进步,既是社会的进步也是大学的进步。

大学回归本位后应当如何办学,应当有什么样的新作为,如何在新的时代发挥社会轴心机构应有的文化引领作用,是大学面对的发展课题,也是校长必须回答并在治校中进行探索创新的重大课题。这正是大学校长需要以一个教育家的信念和情怀去献身的事业。

教育家校长的素质

我接触交往过很多大学校长,对他们全身心投入大学发展的态度和精神深为钦佩。很多校长全年没有双休日、节假日,成天在为大学发展而奔波操劳。经常有校长问我,教育家校长需要有什么样的素质? 显然,他们是有成为教育家校长的愿望的。

关于教育家校长的素质,理论界有很多看法。我发现,很多人在讨论这个问题的时候,是将一般校长应当具备的基本素质与教育家校长的素质不加区分地放在一起讨论。尽管二者是相互联系的,但很明显,二者是不在一个层面上的问题,教育家校长的素质是从一个更高的层面来看待校长的。也就是说,教育家校长具有一般校长应当具备的素质,比如,有教育思想,懂得教育规律,责任感强,善于谋划,品德高尚,爱生爱教等,但仅有这些素质是不够的。教育家校长不同于一般校长的特殊之处主要在三个方面:

第一,有教育家的情感。教育家视教育工作为生命,将个人的生命价值寄托于教育。一般校长基于职位要求,表现出对学生和教职工的关怀之情,对教育的责任感,这不是教育家的情怀。教育家校长不以职位为出发点,视校长职位为实现个人生命价值的机遇,而不是以做官的方式来看待和履行校长职责。教育家校长对大学教育的感情是发自肺腑的,是深刻而厚重的,是基于对人的深切关爱而萌发出来的。

第二,有教育家的信念。教育家对教育工作有着坚定不移的主张,对教育与人的关系、教育与社会的关系、教育与国家民族的关系、教育与人类的关系有着合乎教育规律和传统的深刻理解,并能将自己的认识转化为自身的办学行为,且排除各种障碍使其产生应有的效果。没有教育家的信念是不可能成为教育家校长的。一般校长的教育思想与教育家的信念之间的差别就在于,一般校长的教育思想往往来自于一些朴素的经验认识和感悟,或从书本报章获得的启发,而教育家的信念则来自于理性的判断和自省,且将判断和自省获得的认识上升到个人的精神层面,作为一种教育信仰而在办学实践中身体力行。

第三，有教育家的胸怀。教育家从来不是诞生于一片净土，温室和实验室出不了教育家。教育家总是在现实的客观环境中出现的，他所面对的环境与一般校长的工作环境并无二致，这里有矛盾、有冲突，甚至有时还有各种激烈的矛盾交锋。教育家校长不回避矛盾和冲突，不抱怨时势与环境，能够宽容对待，海纳百川。在教育家看来，体制问题、同事关系问题、条件问题、经费问题、办学空间问题等，都是自己"化敌为友"、变不利为有利、实现自己的教育理想和信念的机遇。宽广的胸怀、包容的境界使教育家校长能够释放出巨大的凝聚力和感召力，能够在大学形成团结一心共同迎接各种挑战的精神氛围。

教育家的情感、信念和胸怀是一位普通校长成为教育家校长必不可少的素质，在中外大学发展史上，教育家校长都同时具有这三种素质。我国大学校长大都经历了有关部门多次的选拔、培养和锻炼，在一般素质上大都是无可挑剔的，但在教育家素质方面却有着不小的差距。正因为如此，我们还难得一见教育家校长的出现。

成长中的教育家校长

大学需要教育家校长，社会呼唤教育家校长，校长也有成为教育家校长的愿望，加上社会环境也开始有利于教育家校长的成长，所以，我认为，当今时代是一个将要诞生教育家校长的时代。在与众多大学校长的交往中，我深切地感受到，教育家校长已经离我们不太遥远了。

要成为教育家校长，大学校长应当放弃做官的追求。由于官本位文化和现实的大学管理体制的影响,我国大学校长做官的意识往往很强,正是这一点妨碍了教育家校长的产生。做官意识强的表现一般有:看重权力,自己将权力牢牢地攥在手里而不愿意放权;习惯于用权力推进工作;对官位和待遇看得很重,有的甚至还抱着继续晋升的想法。尽管大学校长是一种行政职位,具有官位的特点,但对于希望成为教育家的校长而言,应当将其看作是一个机会,利用它去实现自己的教育理想。还有一类校长,他们虽然没有很强的做官意识,但由于不愿意放弃自己的学科专业发展,而并没有在校长职位上用心,他们也是不可能成为教育家校长的。

要成为教育家校长,大学校长应当从深陷于日常行政琐事的工作方式中解脱出来。大学行政有大量的日常行政事务,很多校长认为只有大权在握,凡事要经过自己亲自审批,才能显示自己的权威,自己说话才算数,才能掌控学校的运行。殊不知,这样一来,自己深陷于日常行政琐事之中而不能自拔,成天忙得不亦乐乎,但仍然有做不完的事,处理不完的各种矛盾和纠纷。其实,教育家校长主要不是靠行政权力来影响大学,而是靠他的教育思想,靠他的教育家胸怀和信念建立起来的威望,也就是所谓的不言自威、不行自威。校长应当明白,自己是一个庞大的行政团队的主管,具体事务有团队各级行政人员来处理,自己的主要任务是通过符合大学发展需要的教育思想观念从战略上把握大学发展的方向和进程。因此,教育家校长对大学的领导和管理是思想领导和战略管理,成天只知道处理日常行政琐事的校长是断然不可能成为教育家校长的。

要成为教育家校长,大学校长应当秉持开放、多元、和谐的精神,包容各种分歧与矛盾。现代大学结构复杂,功能多样,内部关系错综复杂,校长应当能够掌控各种力量,协调各种矛盾,化解各种冲突,保障办学沿着正确的轨道不断进步。尤其在我国目前的大学管理体制下,客观上存在党政两套班子,班子中正职与副职的关系也并非简单的领导与被领导关系,校长更应当拥有一个博大的胸怀,既要协调好党政班子之间的关系,又要协调好行政班子内部的关系,使党政一班人形成合力。在大学校长与书记的关系上,由于书记特殊的身份,在各种党政文件中未见对书记提出成为教育家的要求,实践中也未见教育家书记,所以,对校长来讲,要成为教育家,必须有一种胸怀,有一种姿态,能够包容人、团结人、激励人,减少和消除内耗,提高办学效率和质量。只要大学内部出现不和谐的状况,尤其是党政领导班子出现不和谐局面,校长即使有一腔抱负,也是不可能成为教育家的。

要成为教育家校长,大学校长应当善于学习,学会当教育家。教育家校长不是天生的,是学成的。尽管很多大学都开设了高等教育学专业,培养高等教育研究专业人才,但教育家校长是需要在治校实践中成长的。在我国,中央和地方党委组织部门在考核选拔大学校长时,是将校长作为行政官员来考核和选拔的。可以说,就教育家的素质而言,我国大学校长在任职时基本上是不具备的,但这并不能说明我国大学出不了教育家校长。校长应当善于在实践中学习,在任职中学习高等教育理论,在理论与实践的互动中形成自己的教育思想,树立自己的教育信念,再反过来用它们指导治校,并对它们不断提炼和升华。只有这样,大学校长才可能学会当校长,进而学会当教育家校长,否则,仅以校长们任职时的素质去领导大学的办学,是不可能出现教育家校长的。

我读了《科学时报·大学周刊》访谈的每一位大学校长的答问,一个突出的印象是校长们对大学有了一定的理性思维,他们在主动思考大学办学中的各种问题,有的还超越了一所大学的范围,并开始对一些普遍性教育问题进行思考。这是他们形成自己的教育思想的必由之路。从答问中还可以感到,校长们都有一种强烈的责任感,希望将他们所执掌的大学治理得更好。不过,坦率地讲,从答问来看,他们多数人还只是刚刚迈上成为教育家校长的正确道路,要真正成为教育家校长,他们面前的道路还很长,他们还需加倍努力。

后记　对话中国大学校长

一提到"大学校长",一群民族的文化精英便很容易被记起:被毛泽东誉为"学界泰斗,人世楷模"的蔡元培;留下"大学者,非有大楼之谓也,有大师之谓也"传世名言的梅贻琦;提出"吾人为新南开所抱之志愿,不外'知中国'、'服务中国'二语"的张伯苓……

他们都是中国早期的大学校长,是我们耳熟能详的大师。那么,中国当今的大学校长有着怎样的风采? 他们距离这些大师有多远?

专心致力于高等教育领域报道的我们,也经常自问:我们工作的意义在哪里? 这个问题似乎很难回答。教育一直是社会关注的重点领域,因为它与我们每个人的生活和权利息息相关,高等教育作为教育的顶端,在此之外,更是拥有引领社会走向的意义。

何谓大学? 本应是个简单的问题,可随着社会的变迁,其内涵却变得异常复杂并充满争论。无可否认,在社会急剧变化的当下,教育、或者具体一点说——高等教育,正作为社会改革的一部分,承担着自己的任务。但是,有一位全国政协委员曾经说道:高等教育,已经成为社会的各个部门中最保守的一个。

作为思想、科学与技术的生产地,我们的大学究竟出现了什么问题?

或许,不敢妄谈解决,尝试触碰这个问题的本质,应是我们工作的意义。

面对复杂的现象和坚硬的体制，我们的大学校长正是推进高等教育改革的中坚力量。本书是《科学时报·大学周刊》近一年来，采访数十位大学校长后结集而成的。

他们的治学背景各有所长，为之辛勤工作的大学层次各有不同，办学理念和办学目标也各有所重。但有一点是共通的，他们的理念和理想代表着中国大学未来的走向。在他们那里，我们知道——虽然大学都在强调特色，但综合性已是大势所趋。

高等教育的内涵或许纷繁复杂，但我们希望通过本书的出版，在育人、科研、社会服务、管理体制这些核心问题上，从各个高校不同的角度，对高等教育做一番深入地解读并提出解决方案，提供给所有关心高等教育的人们讨论，并以此向我们从事的报道领域致敬。

在中国，"校长"这个职位并不算是一桩"好差事"，较之西方高校通过几百年的发展所形成的相对完整的高等教育体系，国内最"古老"的现代大学也只有一百多年的历史，高等教育起步的滞后导致了直到今天，国内高等教育的很多体制性问题依然难以解决，很多问题成为众多高校不想面对却又不得不面对的"老大难"。高校行政化、高等教育诚信危机、高等教育质量下降、学生创新能力不足……面对这些问题，最挠头的恐怕就只有校长了。

无法否认，中国的高等教育问题并不是仅仅靠高校，或者说仅仅靠校长就能解决的，但作为高校的"一把手"和"领路人"，他们又必须要比别人站得高、看得远，并且通过努力，使自己在高等教育的理想与现实中保持一种微妙的平衡。这样看似苛刻的要求相信会使一部分校长感到束手无策，但同样也会使一部分校长真正成为国内高等教育的"精英人才"，与他们交谈，用"享受"一词形容并不过分。

在短短几个月的时间里,我们从南到北走进数十所高校,采访了三十几位大学校长,他们个个是心怀宽广、高瞻远瞩、意志坚定、追求卓越的优秀校长。在采访的过程中,我留意到,校长们的眼睛里透露的是自信,是自豪感,是精力充沛,是浓浓的书卷气……

在一般人的心目中,尤其是在青年学子的心目中,大学校长,尤其是知名大学的校长,无疑都是精英,是成功人士。可我结识的这些中国大学校长却并不希望以此来定义他们,这不是出于谦虚,而是因为他们仍在为自己的理想和目标拼搏奋斗——无论是刚过不惑之年,还是已年近花甲,无论是掌管着具有优良传统的历史名校,还是后来居上的各地名校——大学校长们都在努力践行着自己的办学理念,用自己的方式书写着中国高等教育的历史。

当人们还在不断怀念蔡元培、梅贻琦、张伯苓等前辈教育大师的时候,必须承认,年轻的一代校长已经接过了建设一流大学的接力棒。他们的胸襟、抱负、视野和理念,决定着中国大学未来的发展。

他们是特殊的一代。这种特殊不是说他们所处的环境有多么优越,而是某种介于年代、历史、命运之间的特色。

从默默无闻的普通学子到大学校长,一路走来,他们每个人的经历千差万别——经历过"文化大革命",有长期在工厂、农村工作的底层经历,又有在西方国家的留学经历。尽管如此,这些大学校长具有一些共性。

首先,他们肩负着中国大学除旧布新、继往开来的重大使命。一方面,实现高等教育大众化,极大地满足大众的学习需求;另一方面,提升教育质量和科研能力,加强高等院校的内涵建设。面对迅速发展的高等教育的新形势,作为大学校长,该如何应对挑战、满足时代的新要求，是这些校长们都在深思的问题。

其次，他们接受着大众对其"超人"般的高标准考量。目前的高等教育面临滞后于社会发展的严峻现实，而急于赶超高远的目标，人们便对当下教育存有种种批评和抱怨，对大学校长提出了更多的期望：大学校长既要是科学家、学者，又要是教育家、政治家，还要是管理专家、公关专家和理财专家。理想大大高于现实。可见中国大学校长的责任和使命何其艰巨复杂，可以说是任重而道远。

最后，他们是各校之魂。他们的心中装着老师，装着学生，具有强烈的社会责任感和事业心。那么多位校长，有的热情开朗，有的豪放不羁，有的稳重平和，有的严谨内敛……他们的个性成就了不同学校的独有特色，而勇于进取、踏实务实是他们共有的气质。

有人问，你们采访大学校长时感到紧张吗？老实说，与人交流，是一种享受，更何况与我们对话的都是学校的最高行政首长和精神领袖。采访中，校长们普遍关注的是赶超一流大学、强化学科建设、形成办学特色、培养创新人才……他们将各自学校的大学精神、学科布局、科研水平、产学研合作、人才培养等特色毫无保留地向我们公开，并针对中国高等教育现状中的普遍问题，提出了各自的看法与愿望。通过对话，不仅可以领悟大学校长的思考方法和针对具体问题的应对策略，更可以体会时代的思想高度在他们头脑里的浓缩反映。

成功的大学校长，真正留在教育史上的，并非是他们的地位、他们的政绩，而是他们的教育思想和办学理念。

这是一段段闪烁着思想火花的文字，是中国大学校长的智慧与真情、眼界与境界。这是一段段有待创造的历史，而创造的主体，绝不仅仅是书中的这些大学校长。这些大学校长的做人、做学问的精神打动了我们,我们更期待他们的精神不断传承,期待有更具风采与才干的大学校长在中国高等教育的舞台上"领衔主演"。

在每次采访的最后,我们都会习惯性地对接受采访的校长问上一个相同的问题:在您看来,一位合格的大学校长应该具有哪些特点? 对此,不同的校长给出了不同的答案。而在回答这一问题之前,他们其实已经用自己的思想和行动给出了一份答案。

那就是,一位好校长必须要对于国内、乃至国际高等教育有一份自己的理解,同时,还要将这份理解真正地融入自身对高校的领导之中,使自己所领导的高校沿着一条相对正确的道路发展。显然,这又是一个很不好完成的"任务"。但值得庆幸的是,至少从我们所采访的校长看来,这并非是无法完成得任务,而且很多人还完成的相当不错。

对于时刻关注着国内高等教育的人来说,还有比这更好的消息吗?

最后,特别感谢全国人大常委会副委员长、中国科学院院长、党组书记路甬祥院士为本书题写了书名。

编 者

封扉题字:路甬祥

责任编辑:孙　牧　陈鹏鸣

封面设计:徐　晖

责任校对:周　昕

图书在版编目(CIP)数据

大学校长访谈/崔雪芹 主编. -北京:人民出版社,2010.4
ISBN 978－7－01－008795－5

Ⅰ. 大…　Ⅱ. 崔…　Ⅲ. 高等教育-研究-中国-文集
　Ⅳ. G642－53

中国版本图书馆 CIP 数据核字(2010)第 049404 号

大学校长访谈
DAXUE XIAOZHANG FANGTAN

崔雪芹　主编

人 民 出 版 社 出版发行
(100706　北京朝阳门内大街 166 号)

北京瑞古冠中印刷厂印刷　新华书店经销

2010 年 4 月第 1 版　2010 年 4 月北京第 1 次印刷
开本:880 毫米×1230 毫米 1/32
印张:8.25　字数:210 千字

ISBN 978－7－01－008795－5　定价:30.00 元

邮购地址 100706　北京朝阳门内大街 166 号
人民东方图书销售中心　电话 (010)65250042　65289539